图腾

奇异的原始文化

点击丛书

沈敏华 程栋 著

上海辞书出版社

导　言

所谓图腾，就是原始时代的人类把某些动物、植物或非生物等当作自己的氏族保护神，相信它们有一种超自然力，会保护自己，并且还能获得它们的力量和技能。

图腾崇拜是原始社会时期一种较为普遍的文化现象，我们从各地的史前文物和各民族的原始神话以及历史传说、民俗风情中，都可以找到图腾文化的痕迹。原始人把一种动物、植物或非生命对象当作自己的氏族保护神，是基于他们的原始思维。在原始人的眼中，图腾实际是一个被人格化了的崇拜对象。从形式上看，图腾崇拜与自然崇拜没有什么不一样。但从内容上看，两者则大不一样：自然崇拜所崇拜的是自然神，其实质是自然对象的性质与功能；而图腾崇拜所崇拜的是一种社会神，即人们的一种社会关系，它反映的是原始时期人们的血缘关系。原始人为什么把血缘关系用动物、植物或其他对象来表示呢？这正是图腾之谜的关键所在。在我们今天看来，血缘关系是两性关系以及由此建立起来的亲属关系。对原始人来说，他们虽然在实践中通过两性关系生儿育女，但并不了解生育的奥秘。人们从澳大利亚的土著中了解到他们“图腾受孕”的信仰。据他们说妇女受孕是由于寄居在图腾中的祖先灵魂进入妇女体内的结果。在一些古老的图腾神话中，人们还会发现一个有趣的现象，一个女性始祖因图腾对象而受孕，图腾实际上扮演着男性始祖的角色。这说明图腾产生的时代，“只知其母，不知其父”，尚处于母系氏族时代。人类社会一旦从母系氏族过渡到父系氏族，由于血缘直接以男性始祖为标志，图腾崇拜也必然过渡到祖先崇拜。因此图腾作为崇拜对象，主要不在于它的自然形象本身，而在于它所体现的血缘关系。图腾崇拜的意义也就在于确认氏族成员在血缘上的同一性，所以原始人总是通过服饰、文身，甚至不惜改变鼻子、口唇等部位的自然形状，把自己打扮成图腾的样子，借以强化血缘关系。我们看到澳大利亚土著袋鼠氏族的人总要给自己装上一条尾巴，中国古代的羌人喜欢戴羊头帽子，彝族人至今仍爱戴鸡冠帽，这些图腾装饰，只有着眼于共同的血缘才能得到合理的解释。原始人类正是在对图腾的不断认同中，逐渐更清楚地认识到自己，并逐步同自然分离开来。

原始时期，先民对图腾的选择，成就了其多方面的功能与意义。先民们用作图腾的自然物与非自然物种类极其多，但一个氏族从万物中选择自己特有的崇拜物作为图腾，并试图借助这种神奇的崇拜物完善自身，以抵御并征服异己的自然物与自然现象，这种选择必然带有功利的理性因素。图腾作为上古时期的一种具有神奇力量的符号，至少包含了几个方面的内容：氏族祖先、氏族成员、氏族的宗教信仰与保护神，以及氏族的法规与戒律，并由此构成一种图腾文化。图腾文化主要表现为：以某一生物或非生物作为图腾名称；以敬畏的态度对待图腾，禁止杀害或食用；相信群体与图腾之间的关系为亲属关系；男女达到规定年龄，必须举行图腾入社仪式；群体成员必须遵守图腾法规与戒律；群体成员的身体装饰、日常用品、住所、墓地的装饰，都采用图腾样式。图腾作为氏族的崇拜物和集体表象的象征符号，常常对这个氏族群体的文化产生巨大的影响。在先民社会中，人类生活的内外圈是重叠在一起的，人们是用社会生活方式来表现宗教生活的，因此，其在日常的物质生活和精神生活中形成、并世代沿袭和传承的民俗，都或多或少受到宗教观念、宗教情绪与宗教活动的影响。

图腾崇拜作为一种文化现象，曾普遍存在于世界各个原始民族之中，对人类社会的影响，不仅范围广，而且源远流长。我们在此偶举几例。如图腾与法的关系。图腾禁忌作为原始时期人类唯一的社会控制手段，借用神圣的名义维护社会秩序，而成为人类社会“法”的源头。法律正是伴随着人类从蒙昧、野蛮走向文明的足迹，由禁忌、习俗到习惯法、再到成文法，而产生和发展起来的。当然，习惯法与禁忌、习俗不同，它不再是全氏族成员的共同意愿，而成为社会一部分特权阶层的意志。又如图腾时代，人们以图腾作为人类群体的标识，由此产生了最早的社会组织名称，随之也产生了最早的旗帜或徽识。在中国，还由此延伸出现了族徽。商周时期青铜器上存在的大量的族徽图案，据研究这些图案是原始时期遗留的图腾文化痕迹。图腾崇拜甚至还在建筑上留有深深的痕迹，人们常用“飞檐翼角”来描述中国古典建筑的屋脊端部向上翘起的做法，如果将整座建筑的形象与凤鸟图形联系起来，我们便看到了这房子不仅具有特殊的神圣意义，并且使居住在这建筑中的人与凤合二为一了。还有多姿多彩的图腾歌舞，原本就是原始先民敬神祭祀的生活写照，这样的歌舞在我国的许多地区，演变为敬神祭祀的傩文化。傩(nuó)便是图腾崇拜的遗存。傩是一种神秘而古老的原始祭礼。傩，古书解为驱鬼逐疫。古老的图腾崇拜和鬼神信仰，使我们的祖先总是习惯于借助这种神秘力量来达到自己的美好愿望，辅之以歌舞，便是最初的傩戏。傩文化至今仍是一些地区民众的传统文化。拨开神话的浪漫色彩，我们感悟到的是原始先民对生命的探求和对自然万物的敬畏。古老的华夏族所崇拜的蛇、鸟图腾，之后衍变为龙、凤，一直存在于中华民族的各个生活领域，至今人们还在自称“龙的传人、凤的后裔”。现今有些国家的国徽、国旗上的图案，都与图腾有关。这类图案，象征的是一种思想的共识、一种古老的信仰、一种精神的力量。今日许多食品名称、传统食俗的由来亦可追溯到遥远的古代，烙着远古的图腾印记。当我们关注起传统文化形成、发展的脉络时，往往会有惊人的发现，你会感叹历史的无穷趣味。

值得关注的是，在历史的长河中，图腾物本身也在变化。有的被权势者占为己有，成为权力的象征，不再为氏族全体成员共有，比如龙、凤图腾就被历代统治者看作是自己的标识。有的图腾物则变成了吉祥物，被民间工匠制作成为工艺品或衍化成精美的图案；也有的图腾物仍被作为神物而继续受到人们的顶礼膜拜。图腾崇拜作为一种历史文化现象，随着社会发展早已经消亡，但图腾作为一种文化心理积淀在人们的意识中，仍然存在。

沈敏华 程 栋

目　录

第一章　图腾概说

一、什么是图腾

图腾(英文为 totem)是北美阿尔哥昆恩人(Algonquian)的奥吉布瓦(Ojibwas)部落方言“奥图特曼”(ototeman)的译音,意为“他的亲族”。图腾的实体是某种动物、植物、非生物或自然现象。人与图腾是什么关系呢,从一些资料看,原始社会的人类对此产生过三种认识:1.图腾是自己的血缘亲属,他们用“父亲”“祖父母”等亲属称谓称呼图腾,并以图腾名称作为群体名称;2.图腾是群体的祖先,以为群体成员都是由图腾繁衍而来的;3.图腾是群体的保护神,这是在人类思维有了一定的发展后,了解到人类与兽类之间有很大的差别,他们不再认为图腾能生人,但图腾祖先观念还根深蒂固,于是产生了图腾保护神的观念。

“图腾”一词最早见于 1791 年在伦敦出版的英国商人与人类学家龙格(John Long)所著的《一个印第安译员兼商人的航海探险》一书中。近来有学者认为在 1725 年出版的《新科学》一书中,维柯已提到“印第安人以木柱上的图腾符号来区别氏族”。由此看来,谁最早使用“图腾”一词,还要作进一步探讨。在以后的半个世纪中,图腾崇拜一直被认为是仅存在于美洲印第安人中的一种制度。直到 1841 年英国人格雷在《澳大利亚西北部和西部两次远征的日记》中才指出澳大利亚也存在着与北美印第安人相似的图腾制度。不过，澳大利亚土人称之为“科旁”(kabang)。这样大家才开始了解图腾制有着某种普遍性。当时人们认为图腾制不过是一种早已过时的制度，至多与民俗学有些联系。1869—1870 年英国学者麦克伦南发表文章，认为图腾崇拜是一种宗教，而且从这种宗教中产生了大量的信仰与实践活动。麦克伦南成了第一个把图腾崇拜与人类历史联系起来考虑的学者。1877 年美国学者摩尔根在其《古代社会》一书中，指出图腾崇拜与一定的社会组织有关。后来英国学者弗雷泽综合了有关图腾制的资料，撰写了一部较为系统的关于图腾文化的书籍《图腾崇拜》。随后，对图腾崇拜研究的范围渐次扩大，不少学者认为古代的埃及、希腊、阿拉伯地区、以色列、日本及中国都存在过图腾崇拜。被当作图腾崇拜的对象很广泛，有动物、植物、非生物及自然现象。但总的说来以动植物作为图腾者居多，其中动物图腾又占绝大多数。如提出“图腾”这一术语的奥吉布瓦部落有 23 个氏族、部落，都以动物命名，分别为狼、熊、海狸、泥龟、啮龟、小龟、驯鹿、鹬、鹤、鸠鹰、秃鹰、鸭、野凫、蛇、麝鼠、貂、苍鹰、牡牛头、鲤鱼、蝶鲛、梭鱼等。北美印第安人中的易洛魁人有 6 个部落、38 个氏族，也均以动物名称命名。澳大利亚东南部土著部落的 500 个图腾中，动植物图腾占 460 个。为什么在图腾崇拜的对象中，动物会占特别重要的地位呢？这是源于当时先民的眼界狭隘与氏族制度的特点。原始先民不懂得男女交合繁衍人类的道理，而认为本氏族的祖先与某种动植物，特别是动物有密切而特殊的关系；氏族祖先就是图腾动植物的化身或转世。可见，在原始的先民社会中，人们除了动物界外，还能到哪里去摄取材料来解释人的起源？动物在不少地方与人相近，又有人所没有的优势，如鸟能在空中飞；鱼能在水中游；爬虫会蜕皮，又避居于地内；动物在体力、机警、诡诈等方面也超越于人。这一切自然使先民们把动物当作图腾崇拜的第一位对象。

图腾信仰有它特殊的产生条件，一般存在于母系氏族社会时期。在母系氏族社会阶段，生产力低下，人类在严酷的自然环境里生存、繁衍，他们的生产方式主要是采集和渔猎。他们还不能独立地支配自然力，对自然界充满着幻想与憧憬。他们对人类生殖、繁衍的缘由也不清楚，以为自身的繁衍是图腾动植物作用的结果。到了父系氏族社会阶段，人类生产力有了很大提高，出现了农业、畜牧业，人们支配自然的能力提高了，逐渐形成了独立意识，从而在日常生活中否认了自己同动植物的亲属关系。到了这个时候，图腾信仰也就接近尾声了。但是在历史发展中，图腾信仰并未完全销声匿迹，它还在文化、艺术、心理等方面产生影响。

二、图腾的起源与演变

1. 图腾的起源

图腾起源问题是图腾研究中的一个重要问题。由于年代久远，我们对远古时代的情况已经很模糊了。图腾是怎样起源的呢？学术界提出了种种说法，主要有以下几种观点。

名目论。认为图腾中的名称是原始先民叫别人的诨号而产生的。先是以猫、狗为诨名，过后便当真起来，造出许多神话，叫狗的成了狗的后裔。有的部落因有些人狡猾而被称为狐，从而称该部落为狐部落，久而历经世代，人们遗忘了诨号的原意而称之。

食物说。认为原始先民部落因各地的生产物相异，每一部落基本上以一种动植物为猎取、采集对象。各部落便以他们猎取、采集的动植物为图腾。

生产说。认为图腾制是建立在狩猎生产的基础上。原始氏族部落地域固定、狩猎专门化，从而形成猎取一定动物的生产部落。氏族部落就与该动物的名称相连接，产生图腾的名称。

妇人妊娠幻念说。认为妇女在知晓其受孕的这一神秘时刻，任何使她深受感动的事物都容易被她看作与腹中胎儿同一的。后来有些人就把这说成是某种精灵进入妇人体而受孕。而这种精灵常被认为是某种动物或植物，甚至说是祖先的神灵，因为祖先死后其灵魂要转入氏族图腾的动植物中。

幻遇说。认为图腾源于“幻遇”。北美印第安人的某些部落对鸟羽顶礼膜拜，把它当作图腾，缘由是某个印第安人梦见一个神灵披着鸟羽，还嘱咐他打仗时要披上这种鸟羽。结果他按照神灵的话，披上鸟羽，打仗果然没有受伤。

恐惧说。认为图腾源于原始先民对超自然力量的恐惧，尤其是对雷电、飓风、洪水和猛兽的恐惧。先民企图通过对图腾的崇拜来减少超自然力对本身的伤害。同时由于先民居住地的孤立性，狩猎的动物种类很少，又难以猎取。于是，先民就把动物作为图腾，想通过图腾崇拜以增加图腾动物的数量。

变形说。原始先民相信大地万物可以变化，狼可以变成人，岩石可变成蟒蛇，月亮可变成美女，狂飙可变成老虎。这种变形幻想，从认识论上为图腾起源作了准备。

上述各种图腾起源说法，不外乎两大类：一类是从世俗方面进行探讨，把图腾起源归结为经济原因或名目的原因；另一类是从神秘的隐形方面探求，把图腾起源与先民的万物有灵、灵魂不灭、转嫁灾害、神秘象征与神化祖先观念等结合在一起。在探究图腾起源时，有两个问题应引起重视。

(1) 社会经济原因。随着人类社会生产力与认识水平的提高，人们具有了最初的抽象与幻想能力。先民发现一种自然现象与本氏族有特殊联系，如人们发现某种动植物能为自己提供充饥的食物，便对它有了一种亲密感；某种凶悍的野兽时常威胁人们的生命，便对它产生畏惧感。在万物有灵观念的驱使下，先民把动植物看作与自己生命攸关的神灵，通过对其顶礼膜拜，想对危险的、有用的或可吃的那些动植物加以控制，图腾观念也就由此产生了。

(2) 涉及氏族的起源。人类智力发展到一定阶段、需要解释本氏族起源时，图腾观念便产生了。母系氏族社会，子女知其母而不知其父，搞不清男女交合与生育的因果关系，因而认为子女的生育是妇女受到某种神秘的感召，于是就把所崇奉的图腾当作自己的始祖，产生了图腾信仰。

2. 图腾的演变

世界上的任何事物都不是一成不变的，图腾现象也一样，有发展和演变的过程，其过程大致可分为三个阶段。

第一阶段为图腾的初生时期，图腾的形象与自然形态极为接近。一些部落常把某种动物认作自己的祖先，或相信他们祖先的形象就是动物形象。西非土著博罗罗部落把某种叫“阿拉拉”(Arara)的鹦鹉尊奉为部落图腾。博罗罗人认为：“我们是红色的阿拉拉，同样红色的阿拉拉就是我们。”中国古代羌人最早的图腾是羊，即实实在在的羊。古希腊神祇的最初形象也是动物模样，如阿波罗神最早的形象是狼(吕匹欧)或鼠(斯明泰)。

第二阶段是图腾的鼎盛时期。随着社会生产力的提高，先民的想象力也丰富起来，同时又加强了祖先意识，从而形成“兽的拟人化”。先民开始把自然图腾赋予人的部分特征，图腾的形象也从动物模样演变为半人半兽的图腾神物。这种情况在中国古书上也有记载。如《山海经》上所说的“龙首人身怪”“人面虎身怪”。远古时代中国的两位神祇伏羲与女娲均是人首蛇身。外国则更多了，古希腊有牛首人身的米洛陶斯(米诺牛)，人首马身的马人，长着山羊耳朵、拖着山羊尾巴的羊人萨提洛斯，狮身人面的斯芬克司。古埃及有隼首人身的荷鲁斯神、狗头人身的阿努比斯神和长着母牛耳朵和角的哈托尔女神。

第三阶段是图腾形象完全人形化。起初原始先民将图腾视为祖先，但这时祖先的形象还是虚拟的，不是实实在在的人。随着生产力的发展，人类对自然控制的能力增强了，提高了自己在自然界中的地位。人们从屈服和崇拜动物渐次进入驯养动物，并开始从崇拜自然界的动植物进入祖先崇拜。这时，人们往往根据人的形象，赋予图腾人形。中国西南少数民族的竹图腾变成了聪颖超人的竹王，维吾尔族传说中的树瘿变成了可爱的树婴（婴儿）；古希腊神祇阿波罗也由狼（吕匹欧）变成了英俊潇洒的太阳神。图腾形象的完全人形化，是原始宗教向祖先崇拜过渡的重要环节。

三、图腾的基本特征与分类

1. 图腾的基本特征

图腾是对某一种特定的动物、植物或非生物的有目的的崇拜。原始人所崇拜的图腾，不是指一个个体，而是指某一种或某一种中的某一类动物、植物或非生物。图腾崇拜是幻想的、虚构的，但已有一定的抽象性。图腾崇拜是先民社会的一种普遍现象。以图腾观念为标志，它既是原始宗教的一种形式，又包含着氏族社会的某些制度。一般说来，图腾有以下的特征：

(1) 每个氏族都有图腾，图腾的名称后来发展为氏族的名称。一般来说图腾名称与自然环境、地理条件有关。内陆氏族的图腾大都以陆兽类与禽鸟类为主，而沿海氏族的图腾则以鱼与海兽类为主。如北美内陆的科曼东部落的6个氏族分别以狼、熊、麋鹿、鹿、小栗鼠、羚羊为图腾，故他们的氏族名称为狼氏、熊氏、麋鹿氏、鹿氏、小栗鼠氏、羚羊氏。南美海边的阿劳干人有4个氏族，他们的图腾均与海相关联，分别是海浪、海、海豹与海鸥，其氏族就命名为海浪氏、海氏、海豹氏与海鸥氏。在中国，许多少数民族的图腾名称还发展成后来的姓氏。

(2) 认为本氏族的祖先与氏族图腾有血缘或某种特殊关系，并信仰这些物类有一种超自然力，会对本氏族及其成员起保护作用。绝大多数先民都认为本氏族为该图腾所繁衍，两者有一定的血缘关系。他们还能从这种动物引出自己的家谱。中国内蒙古自治区的陈巴尔虎旗鄂温克族每个氏族都认为他们有自己的“嘎勒布勒”(意为“根子”或“起源”)，它们分别为水鸟、小鸟、天鹅、鹰等动物。还有些先民以为本氏族曾受益某种动物、植物或非生物，从而把这种动物、植物或非生物看作本氏族的成员，并将它作为图腾崇拜的对象。意大利罗马城的城徽为“母狼育婴图”，表示罗马城的创建者罗慕洛斯及其兄弟是由母狼喂乳长大的。

(3) 图腾具有神秘力量，能够保护和警告它的氏族，能够对氏族内成员预言未来，并成为他们的向导。氏族要举行图腾祭礼，祭礼仪式主要表现人们对图腾物的崇敬和人们想与图腾物亲近，以期使氏族成员能与图腾同心，从而获取图腾的神力。祭礼仪式主要有模仿图腾形状、声音、动作的舞蹈；文身也是比较常见的与图腾同化的方式。还有通过绘画、雕刻，将氏族图腾的形象装饰在房屋、帐篷、旗帜、立柱、器物之上，作为氏族的标记、徽章，被认为具有神秘力量。

(4) 图腾崇拜有种种禁忌，氏族成员必须遵守。最主要的禁忌有两项：一是禁止同一类图腾氏族成员间的通婚，图腾成为氏族通婚的标志。中国少数民族中的高山族、黎族将图腾图案作为文身内容，人们可根据图腾纹样寻找通婚对象。这种族内血缘婚的禁忌，对维持族外婚起了积极作用。二是禁杀禁食被尊奉为图腾的动物、禁忌采摘图腾植物。据说有些原始先民宁可饿死，也不吃他们氏族奉为图腾祖先的动植物。禁食图腾动植物的客观作用，是对动植物起了一定的保护作用，有利于生态的平衡。

(5) 同一图腾部落的成员被视为一个完整的群体。同一图腾群体因对图腾的共同信仰而紧密结合在一起，这是维护本群体的重要因素。同一图腾氏族内的成员彼此认为是兄弟和姐妹，互相照顾和爱护，从而相互有一定的权利和义务，如议事权、表决权、被选举权以及互助、复仇、服丧等义务。当氏族中的成员被外族杀害时，加害者一族必须担负全部责任，而受害者的全体族人则应共同承担起追偿血债的责任。但当一个氏族分离时，图腾也随之分裂。如北美易洛魁人契卡索部落中原有的豹氏族，后来分裂了，形成了猫氏族、鸟氏族、鱼氏族与鹿氏族 4 个母系氏族。

除上述特征之外，在原始先民的图腾崇拜中，还存在图腾与人互相转化的信仰，即人可以转化为图腾，图腾可以转化为人。传说大禹治水时化身为黄熊。《左传·昭公七年》载子产说："昔尧殛鲧于羽山，其神化为黄熊，以入于羽渊，实为夏郊，三代祀之。"有人据此认为夏氏族崇拜黄熊。在土家族的图腾崇拜中，也有这样的故事，土家族生活的很多地方都有廪君化为白虎的传说。

在图腾的发展过程中，还出现过综合图腾神的状况，这种状况以中国著名的龙、凤、麒麟等神兽的产生最为典型。

闻一多先生在其《伏羲考》中提出，龙是一种综合性的图腾体，存在于图腾崇拜之中，是一种虚拟的生物。龙是由许多不同的图腾团的图腾糅合成的一种综合体，是蛇图腾兼并并同化了许多弱小氏族的结果。何星亮也认为，龙原本是一种图腾，最初可能是一个部落的图腾，后来演变为超越部落的图腾神。在对龙的研究中，人们认为龙的雏形在新石器时代晚期已萌芽，是以夏氏族的图腾为主题的想象物。古人对它的解释很多，有说螣蛇无足而飞；又有说有鳞的叫蛟龙，有角的叫虬龙，无角的叫螭龙，有翅膀的叫应龙；还有说龙之像马首蛇尾；等等。不管有多少说法，普遍认为龙的基础是蛇。远古时期，崇拜蛇的氏族部落应该比较普遍，这是因为蛇的生命力顽强，经过蜕皮，蛇能不断获得新生，这种顽强的生命力，符合原始先民的愿望；蛇对人的生活构成很大的威胁，使人对其产生畏惧。蛇崇拜在原始时期应该很普遍，以蛇作为龙的主体，这种民族大融合的标志，应该容易为广大被兼并的图腾团（即氏族）所接受与认可。闻一多认为，蛇族兼并了别的氏族之后，吸收了别的形形色色的图腾形象，大蛇才变成了拥有马头、鬣尾、鹿角、鹰爪、鱼鳞，成为“龙的形象”。可以认为“龙”形象的产生，是多民族融合的结晶，这一形象一旦产生，便成为了民族的象征。

凤是鸟中之王，被视为神鸟。根据神话传说，凤是从东方殷氏族的图腾演化而来的。《山海经·大荒西经》提到有一种五彩鸟，有三种叫法：皇鸟、鸾鸟、凤鸟。《山海经·南次三经》记载一种鸟，样子像鸡，有五彩花纹，叫凤凰。之后凤凰的形象慢慢变复杂了，有了鸡头、麟背、蛇颈、鱼尾、龙纹、龟躯、鸡嘴。它飞翔时，由于有至高无上的德性，以致雷不鸣，风雨不兴，河川不涨，草木不动，有百鸟朝凤之说，这不能不让我们想到又一部落融合的文化现象产生了。当然今天我们见到的凤的形象，是清代以后的形象了。周人的凤鸟崇拜还在宫殿建筑上留下了深深的痕迹。“如跂斯翼，如矢斯棘，如鸟斯革，如翚斯飞”，这是《诗经・斯干》中描写周代宫殿建筑的句子。句中的“翼”“鸟”“革”“翚”等字，很自然地使人把《斯干》所描写的宫殿建筑与鸟类联系起来。我们注意到仰韶文化庙底沟类型凤鸟图形恰似一个坡面屋顶的侧影图，正是《斯干》描写的“如跂斯翼”的样子。也许，古人之所以能够把建筑与鸟类相联系，其基础就是建立在坡顶建筑形态与这种凤鸟图形在形式的耦合之上的。按照古人将凤鸟视为神的使者的观念，可以设想，通过把建筑与凤鸟的结合，可以使这种特殊建筑的居住者与神建立起特殊的关系。在汉代建筑形象中我们已见到人们在处理建筑形象时，刻意地突出屋脊在建筑总体形象中的地位。将建筑与凤鸟图形相结合的要求，在形成中国古典建筑特殊的屋脊特征上起了非常重要的作用。

麒麟以鹿为偏旁，这告诉我们麒麟可能是由鹿演化而来的，据说麒麟的身体像麋鹿，牛尾、圆颅、独角，古人视它为神兽、仁兽、长寿，民间有麒麟送子的说法。麒麟究竟从何而来尚不清楚，有学者推测，它可能是周的图腾，因为周人原居西北，那里适宜鹿类的生长。然而，这种怪兽形象的形成，也可能伴着氏族兼并、融合，图腾重组再生的过程。

2. 图腾的分类

图腾的分类一般有两种，一种是按图腾的对象来分类；另一种是从社会学角度来分类。按图腾的对象可分为三类：动物类、植物类与非生物类。

动物类是图腾中数量最多的一类。据调查统计，澳大利亚存在的704种图腾中，非动物只占56种。再拆分，图腾动物也可分为三大类别，分别为神话动物、现实动物和人物（人也是动物的一种）。神话动物在现实世界中并不存在，但在传说中已具备强大的神秘力量。因此不少原始部落把神话动物当作自己的图腾。中国古代的商打败夏后，为团结各部落，创造了一种新的图腾形象——凤鸟，而这种鸟在自然界是不存在的。同样北美印第安人认为雷鸟是世界上最伟大，也最具威力的动物。它的每一次翅膀的扇动，会造成空中震耳的雷鸣，便奉雷鸟为图腾，但在自然界中也不存在雷鸟。当然氏族图腾以现实动物占的比例最大，并且种类繁多，从飞禽到走兽、游鱼应有尽有。但是现实动物也因地理自然环境不同而有所区别。北方地区奉熊为图腾的占相当比例，而南方则不同。埃及有些部落以鳄鱼命名；澳大利亚的袋鼠也成为许多土著部落的图腾。至于人物形象作为图腾的，在美洲印第安人的图腾柱上时常出现，这往往是死去的家长或某位氏族领袖，有些则是神话中人物。

植物类图腾相比动物图腾，则要少得多。但就一个具体部落而言，并不一定。英格兰人有近半的氏族以植物为图腾，如桦树、苹果树、榉树、玫瑰花、樱草等。中国云南的彝族以松树为其祖先神，认为其男始祖从竹筒走出，与一松树变成的女子成亲,繁衍子孙成为彝族。彝族人的每一个村寨都有一片山林栽种高大的松树。每年农历三月初三要举行公祭,向松树神祈福。中国大凉山地区的诸苏人,他们的三个图腾都是植物:香竹、梨树和松树。他们认为神树是保护自然和人们的神灵。相传有一年闹蝗灾,蝗虫铺天盖地袭来,庄稼都将被毁,就在这危急时刻,神树上的叶子化为无数的"坎儿肩鸟",把蝗虫全部啄死,保住了庄稼。

非生物类有自然现象和自然物类。澳大利亚土著部落中有以云、霰、霜、月、日、星、虹、风、雷、烟、火、水、海等非生物为图腾的。在美洲西北沿海的特林吉特印第安人也有 7 个氏族,分别以太阳、星星、山岳、岩石、云、海波与冰块作图腾的。日本《古事记》与《日本书纪》中举出日本的一些先民以太阳、风、山、海、地震、雨、石为神灵,对其崇奉膜拜,显然这也是图腾。此外,还有把器物当作图腾的氏族,如印度迈索尔地区库鲁巴部落的有些氏族,甚至以大车、杯子、打火石、手镯、棍子、尺子、毯子、织机、竹筒与彩色花边等为图腾。

从社会学角度来区分,图腾可分为群体图腾、性别图腾与个人图腾三种。

群体图腾。主要是氏族图腾。中国四川凉山彝族地区有一支部落有 6 个氏族:蛙、蛇、鹰、鱼、猴、人。西南地区怒族的怒苏部落的一些氏族,也都以蜜蜂、猴子、老鼠、熊、蛇、虎和麂子为图腾。由于母氏族的分化,部分成员分化为独立氏族,称子氏族,它们与母氏族联合成胞族。胞族也有自己的图腾。美洲西北沿海的印第安人特林吉特氏族分化后组成两个胞族，它们分别以狼和鹿为胞族图腾。胞族联合成部落，部落也有自己的图腾。尼泊尔的猴部落就以猴为部落图腾。古代阿拉伯人的各个部落也都有自己的部落图腾，它们分别为豹、蜥蜴、狼与山猫等。中国古代羌人的一个部落白马羌，奉白马为图腾。部落还有总图腾，有些是该部落原先的图腾，也有不少是综合起来的图腾。中国上古的商族原以玄鸟为图腾，后来随着疆域的扩大，吞并了许多其他部落后，为突出其部落的高贵，就以超自然物的生物凤为图腾。相传中国上古时代的南方少数民族（南蛮），包括西南地区的瑶族、土家族、珞巴族、苗族以及浙江、福建等地的畲族，均自认为起源于神犬盘瓠，故他们都奉犬为图腾。在图腾崇拜的末期，还出现了家族图腾。中国台湾阿美族有下列家族图腾：巴业达鲁即太阳、拉鲁格斯为草、加姻拉拉是蝉、伯巴特鲁则为狸。中国哀牢山的彝族也有家族图腾，其中鲁姓氏族下有两大家族，分别以竹子、棠梨为图腾；而李姓氏族的三大家族分别以青松、棠梨和葫芦为图腾。

性别图腾。澳大利亚东南部土著存在着这种现象。在这些土著部落里，不管属于何种部落图腾，都根据性别各自把一种动物确立为其图腾。如库尔奈族男性自认为是鹂鹊的兄弟，女子则认为自己是漂亮的莺的姐妹。新南威尔士州有个部落，其男性图腾为蝙蝠，女性为啄木鸟。性别图腾与相应的性别间有一种后裔和亲属关系。伤害或杀死一个图腾成员便意味着对另一个图腾成员的挑战或攻击。

个人图腾。个人图腾是指个人与自然界某一动物或植物之间的关系，这种关系是个人关系，通常不与别人共有一个图腾，也不是世袭的，一个人可能在成年礼时获得一个图腾名称，这个图腾名称可能是植物、动物、昆虫或矿物名称。一个人在得到图腾名称之后，要让全部落知道。但是，他并不需要对他的图腾物有特殊的态度，甚至可以吃图腾物。澳大利亚西部的吉加龙人就是这样。个人图腾尽管与群体图腾有相似之处，但它们之间仍有一些重要的区别。部落认为起源于作为其图腾的动植物，个人都不认为和他的个人图腾有任何血缘关系。它不过是朋友、伙伴、保护者，并不是亲族。

第二章　图腾文化
——人类文明的遗风

一、古埃及、古希腊等地的图腾文化

古埃及神话传说：始初世界是一片废水，叫作“努”，它是伟大父亲的住所，因为它是深渊，它使太阳神拉（一译“赖”）存在。太阳神拉从努（废水）升起，但却大于努。拉是天父，在创世时吩咐天和地，从一片废水中升起，从而形成了地神塞勃和苍穹女神努特。舒（风神）把努特高高举起。努特形成了一个拱顶，覆盖住地神塞勃。努特弯下腰伸开双臂，用手指尖撑着身体，她的躯体和四肢上星星在闪耀，天地就在壮丽的光辉中升起了。这个神话说明最初的神努是由废水形成，太阳神是从深渊（废水）中升起的。水是神祇的源泉，它表明古埃及人对水的崇拜，可以认为水就是古埃及人崇奉的图腾。

古埃及的每个诺姆（古希腊人对古埃及各地区的称呼，意译为“州”）都有自己崇拜的图腾。如位于南部边陲的诺姆埃莱凡廷讷崇拜牡羊；赫尔摩波利斯崇拜赤鹭和狒狒；法尤姆绿洲崇拜鳄鱼；布巴斯提斯崇拜牝猫；奈享把鸢女神奉为守护神；奈海卜则崇拜睡莲；北埃及的布托诺姆崇拜圣蛇；等等。埃及人特别崇拜的动物是：公牛、鳄鱼、鹰、母牛、鹅、山羊、猫、狗、鸡、燕、豺、蛇等。由于埃及人视动物为神，神皆被塑像供奉于神庙中，故游历埃及神庙，常使人有置身于动物园之感。

古埃及人视部落与诺姆首领及国王为本部落、诺姆及王国的图腾化身。上埃及国王尊奉神鹰荷鲁斯，下埃及国王崇奉蛇。公元前 3100 年，上埃及征服了下埃及，建成统一国家后，上埃及的神鹰被尊为唯一的保护神，而国王也以神鹰为称号，自称为神鹰的后裔。古埃及人表现战争场面时，常把战败的敌方描绘为人形，将胜者描写成动物形状，如狮子、食肉鸟等。这种情况明显反映了古埃及图腾崇拜的遗风。

古埃及的神祇常被描绘成半人半兽形象。阿蒙神有时为鹅，有时为羊；拉神有时为蚱蜢，有时为公牛；奥西里斯神有时为公牛，有时为公羊；索贝克神是一只鳄鱼；荷鲁斯神是一只鹰，哈托尔女神为一头母牛；月亮女神塞特以灵鸟和狒狒形象出现。古埃及的神祇形象最常见的是兽头人身，兽头和人身之间用头巾或假发连接。这显然是史前图腾崇拜的遗韵。猫演化为女神马斯泰特，其形象是猫首人身；鹰演化为荷鲁斯神，其形象隼首人身；太阳神拉作为宇宙神时，为人形，但与荷鲁斯神相结合，改为隼首人身；墓地之神阿努比斯为狗头人身；托特女神是赤鹭首人身；索贝克神是鳄鱼首人身；索赫梅特女神为狮首人身；而哈托尔女神常为牝牛首人身，有时也作人形，但长有母牛的耳朵和角。

由于古埃及人奉动物为图腾，因此产生了一种怪异的风俗，即要挑选美女奉献给动物，经常得到这种奉献的是奥西里斯神化身的公牛。在古埃及，鹰、人相交的传说更盛，许多王室后代都认为自己就是母亲与神兽交合的产物。

在古埃及，有些村落视“葱”为神明。在发生争论或诉讼时，双方必拿一束葱，并对它发誓，请它帮助自己获胜。显然，人们是想借助葱神的力量在诉讼中获胜，葱可能就是他们的图腾。杀死神兽公羊的习俗也反映了古埃及人浓厚的图腾崇拜观念。公羊是上埃及底比斯的神兽，因而供奉阿蒙神的底比斯人以为公羊就是阿蒙神本身。碑刻的阿蒙神像，其身躯是人身，但首部却是公羊的头。底比斯人不杀公羊，但在一年一度的阿蒙节日里，他们要杀一头公羊，把它的皮剥下来蒙在阿蒙神的雕像上，然后大家悲悼这只公羊，把它埋在圣墓里。古埃及人认为被杀的公羊会复活，杀了它是为了能保持青春的朝气与活力。

爱琴文明时期的希腊也存在图腾崇拜的各种现象。古希腊最早的居民皮拉司吉人的创世神话有浓厚的图腾崇拜色彩，他们认为：太初万物之女神欧律诺墨从混沌中产生。她划分出天空、海洋。她向南方飞翔，南风劲吹，在她身后留下许多新东西，这是创世的开始。她急速旋转中，抓住了北风，在手中搓揉，造就出一条大蛇俄菲翁(Ophion)。女神的狂舞使大蛇变暖，长大成熟。俄菲翁盘绕起肢体，挪动着去和女神交合，这样女神有了身孕。女神变成鸽子，生下了“宇宙卵”。俄菲翁按女神吩咐在卵上盘绕 7 次，宇宙卵分裂成两半，一阵翻滚后，日月星辰、大地河山、草木鸟兽都出现了。完成了创世后，俄菲翁狂妄地称自己为创世主，惹恼了女神欧律诺墨。女神用脚踢肿了俄菲翁的头，踢掉了他的牙。他跌落的牙齿落入阿卡亚土中，皮拉司吉人的祖先皮拉司吉与其他人从土中出生。从这个揭示蛇神交合创造世界、创造人类的神话中可见，蛇是皮拉司吉人的图腾。在克里特考古发掘中曾出土一尊镶金牙雕的女神像，双蛇盘身绕臂，两只蛇头分别扼于女神的双手。后来的迈锡尼文明继承了对蛇神的崇拜，在迈锡尼城堡的室内祭所出土大量盘蛇的女神雕像，雅典人的始祖刻克洛普斯的形象就是人首蛇尾。他居住在雅典卫城岩石的缝隙里，是卫城的保护者。人们把蜜饼投在卫城的斜坡上，作为对这位蛇神的奉献。相传，希腊帖萨里亚南部的米尔弥东部落（Myrmidones），崇奉蚂蚁图腾，其部落名称 Myrmidones 源自希腊文 Myrmes，意即“蚂蚁”。

古希腊盛行的动物崇拜与图腾崇拜有密切的关系。在崇拜动物方面古希腊人尤以敬牛为盛。在克里特米诺斯王宫的壁画与浮雕上均留有牛的形象。牛在宗教的礼仪、神圣的游艺和庆典中具主角地位。圣角（公牛角）几乎是每座神堂的必供品，它们的形象可从神堂的顶上及祭台上看到，连神堂的屋顶也被造成牛角形。当时的印章也刻有与牛有关的图像。希腊神话中说，远古的时候，米诺斯王统治着克里特岛，他是当时西部地中海强大王国的国王。据说，他请了当时杰出的建筑家戴达鲁斯为他修建王宫。王宫不仅豪华，而且有无数的宫殿和纵横曲折的通道，因此这个宫殿被称为“迷宫”。有一年，米诺斯王子在雅典所属的地方被人谋害了。为了报复，米诺斯王强令雅典每 9 年向克里特进

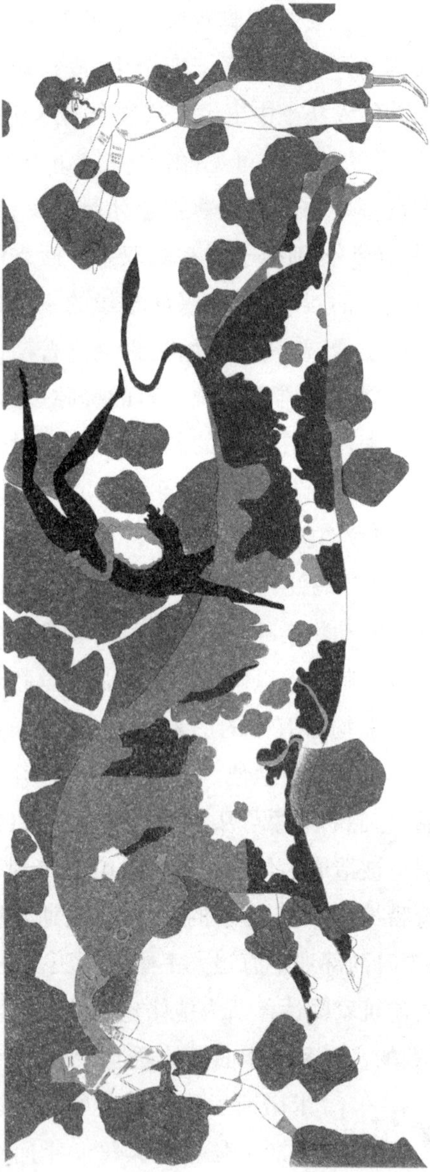

米诺斯王宫壁画：公牛与青年

贡7对童男童女。米诺斯王把他们送入迷宫，他们或饥渴而死或被迷宫中饲养的牛头人身怪物米诺牛吃掉。后来雅典王子提修斯挺身而出，宣布自己情愿作为供奉到克里特去，并且要杀死吃人的牛怪。在米诺斯公主的帮助下，提修斯把线团的一端系在迷宫的入口处，放开线团，通过多歧的通道走向迷宫深处，杀死了米诺牛。其实，米诺牛的神话与图腾崇拜有关。在克里特，牛是一种祭祀牲畜。当地出土的一具陶棺上绘有葬礼的场面，画面中央是一头当祭品的牛。在阿提卡地区有一种"杀牛祭"。人们赶着牛群绕祭台走，吃了供物的牛就是祭祀牛。屠夫用斧头把牛砍倒后，另一个屠夫便上前用刀割断牛的喉咙，然后两个屠夫丢弃刀具逃走。人们把牛的皮剥去，在场的人都吃牛肉。再用谷草填满牛皮，把它缝起来，并把填好的"牛"立起来，套上犁作耕田状。接着，人们开始审理是谁杀死了牛。人们互相推诿，都不承认，最后判定有罪的是刀具，判刀具为死刑，把它们扔进海中。杀牛祭是图腾崇拜的反映。

古罗马诗人奥维德的《变形记》记述了不少远古希腊人化为动物、植物或非生物的神话故事。如米尼奥斯诸女化为蝙蝠；第勒尼安海上的水手，因生性残忍而被狄奥尼索斯神贬为海豚；达芙妮女神因拒绝阿波罗神的追求，变成月桂树；吕底亚有个精于女红的美女阿拉克涅，向雅典娜女神挑战，提出要比一比织布技艺。雅典娜十分恼怒，用梭子掷她，将她变为蜘蛛，令其日夜织作，永无休止。凡此种种神话都以图腾崇拜为滥觞。

希腊神话中的奥林匹斯神系中不少神，原来的形象就

提修斯与米诺牛搏斗

是动物、植物或非生物。主神宙斯可化作鹰、雄狮或公牛。他在追逐腓尼基公主欧罗巴时，变成了一头公牛，把她拐骗到克里特岛。他还能化作天鹅，趁埃及托利亚公主勒达在河中沐浴时来到她身边，神人交合后生了美女海伦。天后赫拉（宙斯之妻）巨目明眸，是牛神，为远古迈锡尼的守护神。德国考古学家谢里曼在迈锡尼的考古发掘中，发现当地存在着牝牛（母牛）崇拜的遗迹。海神波塞冬的形象是一匹马，希腊人把他当作驯马者来崇拜。由此推断，波塞冬最初可能是牧马部落的图腾。太阳神阿波罗与蛇有不解之缘。他要在底比斯建造神托所，斩杀了守卫此地的巨蟒皮同，这里的阿波罗神庙就叫皮同。这位英俊潇洒的阿波罗神，最早的称号却是吕匹欧，意为“狼”，实际上是狼神。阿波罗原先是牧羊人崇拜的神，他驱赶野狼和其他动物，又能治疗羊群的疾病。这些说明阿波罗神也起源于图腾崇拜。阿尔弥特斯女神原初是皮拉司吉人所崇奉的熊神。爱和美的女神阿芙洛狄忒（罗马神话中称维纳斯）一说是宙斯与海洋女神狄涅俄的女儿，一说她是从海水泡沫，即大海浪花里出生的，由此得一别名为阿娜狄俄墨涅（意思是“出水的”）。浪花与海洋女神之女两者有共同点：均出于海洋，可能也反映了希腊先民对海洋的一种图腾崇拜观念。火神赫菲斯托斯原是小亚细亚吕底亚地区居民的崇拜的神。此地有大量的天然气，附近的列姆诺岛又有火山，因而赫菲斯托斯是火神又是火山神，这反映了吕底亚先民把火当成图腾崇拜的对象。在希腊神话中，赫耳墨斯（Hermes）是一名神使，又是行路者的保护神和商业之神，而“赫耳墨斯”一词的意思

维纳斯的诞生

是“石堆”。当地民众习惯于在石堆边献上给神的供品，把石堆当作神灵崇拜。石堆还可以用来标志地产边界，在斯巴达拉哥尼亚地区的考古发掘中，发现有一石堆，上面刻着 hermanos，这个词是 herman 的第二格。而 herman 是 hernes 的拉哥尼亚方言。这块界石置放在这里，警告骚扰者不得入内。这些材料证明“赫耳墨斯”起源于石堆、石碑。

二、欧亚各地的图腾遗风

古代欧洲也存在着图腾崇拜。古代罗马有一传说：在意大利半岛中部的拉丁姆平原上，有一座亚尔巴·隆伽城。它的国王努米托尔被其弟阿穆利厄篡夺了王位，王子被杀。只留下一个叫西尔维亚的女儿，被迫侍奉灶神维斯塔，终身不许婚配。有一天，西尔维亚小憩时，战神马尔斯从天而降，与她相爱，并生下了一对孪生子——罗慕洛斯与勒莫斯。阿穆利厄知晓此事，十分恼怒，下令囚禁西尔维亚，并将这对孪生子放进篮子，抛入台伯河。但这只篮子却慢慢漂浮到了岸边，到河边饮水的母狼听到婴儿的哭声，便叼走了婴儿，用自己的乳汁喂养他们，兄弟俩得救了。罗慕洛斯与勒莫斯正是罗马城的创立者。“母狼育婴图”成了罗马城的城徽。其实，这个传说应溯源于图腾崇拜。意大利翁布里亚人因外敌入侵而辗转迁徙，其中有一部落是在公牛的引导下迁移、并在新居地建立了“牛城”。皮琴特人与希尔平人分别在喜鹊和狼的引导下脱险。古罗马的军旗上分别绘有狼、马、野猪、鹰与牛首人身的怪物，这些都是图腾的遗迹。

日耳曼人也曾有过图腾崇拜的遗风，一些部落的名称均源于动物名称。如赫鲁斯克人的名称来自“赫鲁茨”（heruz 意为“幼鹿”），而埃布龙人则来自埃贝尔（eber 意为“公野猪”）。有些日耳曼人部落还认为他们源于树木。他们有个传说：人类都源于树木，男性出自楞树，女性出自赤杨。古代斯堪的纳维亚的神话中，神祇有着金鬃公野猪的形象，可把它看作图腾崇拜的反映。古代克尔特人的许多神祇的名称均来自动物，如莫库斯神，意即“公野猪”；塞尔侬诺斯神为“戴鹿角之神”；女神埃波娜之名来自“马”；塔尔沃斯神之名意为“公牛”，可以认为这些都是图腾崇拜的遗风。

通过民俗学的研究，学者们认为英国古代也存在过图腾制。有些部落的名称及其起源，表明它与动物、自然物有关系。有一个部落假托为天鹅的后代。桑农人自称是飞隼的后代；贝尔发斯人认为自己是牛的后裔；奥莎里人认为自己的名字意为野红鹿；苏格兰有一部落以野猫为名。不少英格兰人都以动物、植物为自己的姓氏，有猪、狮、狼、猫、鲑、狐、天鹅、鹬、鹧鸪、樱草、苹果树、玫瑰、桦、榉，这些均为图腾崇拜的遗俗。在英格兰的威尔特郡，有一片 775 平方千米的叫作索尔兹伯里的平原。一群拔地而起的环形巍峨巨石，好像浩劫之后残存的宫殿巨柱，孤零零地耸立着。这是英国最著名的史前遗址——斯通亨奇环状列石，人们常认为这一巨石阵是自然崇拜的象征，其实它也是图腾崇拜的遗迹。人们能凭着太阳在环状列石上不同的升起位置，可判断春分、夏至等不同节气。或许由于环状列石能帮助先民确定节气，有利于他们的生产与生活，因此，先民们就奉环状列石为图腾，对它定期祭祀。

亚洲大地上同样存在着图腾崇拜的遗风。古代印度盛行种姓制度。各种姓内还分成不同阶层，阶层下面又有许多分支。如刹帝利种姓阶层内分为太阳、月亮和火三个分支，太阳族与月亮族中还有许多分支。这种划分的依据是根据他们所奉的图腾。印度旁遮普地区的土著女子，习惯将蝎子、蛇、蜜蜂、蜘蛛等氏族（部落）的图腾作为文身图案。印度的许多地方至今仍敬重牛、蛇、鼠、猴等动物，特别是牛可在城市里游荡，神圣不可侵犯，这种奇风异俗不过是图腾崇拜的遗风。斯里兰卡的僧伽罗人传说他们是雄狮与公主的后代。东南亚的北婆罗洲克拉比特斯部落，每年在黄鹡鸰飞临时，开始农事，把最后一只黄鹡鸰飞离作为一年农事的结束。因此他们就把黄鹡鸰奉为图腾神物崇敬。克耶人奉青蛙为图腾。遇天旱，人们必聚众敲蛙鼓求雨，边敲边唱："蛙鸣咯咯雨水落，雨水落时鱼欢跃。"翔鸟应是古代雒越人（今越南之先民）的图腾。翔鸟又称雒鸟，是一种候鸟，能预告天气和节气的变化，有利于农业生产。因此越南先民就把雒鸟奉为图腾，"雒越"的名称由此而来。

北亚的西伯利亚地区与库页岛的土著居民、日本的阿伊努人均有奉熊为图腾的遗俗，他们有敬熊的氏族庆典。如吉利亚克人，先捕捉一小熊，置于笼中供养，对之百般敬奉，庆典时更是虔诚异常。最后人们把这只熊射死。射手并非本民族成员，而是与之结姻亲的另一氏族人。后者可食用熊之肉，领受熊之皮；而熊氏族却不能染指。熊首与熊骨须隆重葬之。这种弑杀圣兽的礼仪，显然是图腾崇拜的遗迹。不过也有崇奉熊为图腾的西伯利亚土著自己杀死熊。他们认为，圣兽熊虽被杀，但仍可复生。西伯利亚地区的洛帕里人奉阿克鲁瓦为海神，作为捕鱼业的保护者。阿克鲁瓦的形象是半人半鱼，头与躯体上部似人，下部为鱼形。而他们崇奉的森林之圣梅茨-雷津，则遍体乌黑，却有尾巴。这些精灵的形象，与图腾物如出一辙。

日本北部的阿伊努人至今仍遵守图腾禁忌的戒律，他们崇拜鹫与蛇，严禁捕食这两种动物。日本人的姓名有不少含有图腾文化的痕迹。氏族制时代的日本姓氏，如鮪（苏我氏）、大雀、若雀等均与动物有关。日本古籍中带有动物的人名也比比皆是，今日又从十二地支出发，名为辰之助、卯太郎、丑五郎等，其实这种带动物的名字就是图腾崇拜的表现。

三、大洋洲的图腾崇拜

大洋洲是世界上最小的一个洲，由澳大利亚大陆、塔斯马尼亚岛、新西兰南北二岛、新几内亚岛，以及波利尼西亚、密克罗尼西亚、美拉尼西亚三大群岛等，共一万多个岛屿组成。大洋洲的原始居民在长期的生活实践中创造了自己独特的文化艺术，其中有带有图腾装饰的独木舟、船桨、树皮画、面具、生活用具与文身等。今天，在大洋洲各地，图腾文化的痕迹仍然随处可见。

澳大利亚是大洋洲最大的一块大陆。澳大利亚土著居民的社会生活中，图腾崇拜是最主要的宗教信仰，他们笃信人类群体与某一种动物之间存在着超自然的血缘关系。澳大利亚土著崇拜的图腾对象主要是动物，其中有鸸鹋、袋鼠、负鼠、狼、犬、袋旱獭、蛇、蜥蜴、渡鸟、蝙蝠、蛴螬(甲虫)、毛虫等。鸸鹋、袋鼠今天还是澳大利亚联邦国徽上的两大图案。在澳大利亚的一些地区，人们奉植物为图腾，相信人类是从橡皮树的枝和瘤、节中演变而来的；也有些地区的土著奉自然现象为图腾，诸如雨图腾、太阳图腾与风图腾等。值得注意的是，与世界其他大洲原始先民的图腾物象不同，澳大利亚的图腾物象中没有凶猛禽兽，其原因是澳大利亚大地上没有凶猛禽兽。

澳大利亚土著部落的图腾崇拜是最为典型的，素有“图腾崇拜古典地域”之称。澳大利亚图腾文化发达的原因大致为：1.澳大利亚孤立于大洋之中，与较高文明的诸民族异地而处。澳大利亚在欧洲殖民者进入之前，当地土著与其他地区几乎完全隔绝；2.澳大利亚大陆自然条件无明显的季节性变化，也无猛兽侵袭，当地土著无须加以防范，仅靠狩猎、采集即可满足最低限度的生活要求。这种状况使得澳大利亚土著的社会发展较为迟缓，长时期滞留在原始阶段。他们过着游猎生活，不知农耕、畜牧，更不懂得制陶、纺织、制作金属器物，社会发展程度远不及非洲土著与美洲印第安人。

澳大利亚土著在图腾装饰方面颇具特色，穿鼻习俗到处可见，土著的穿鼻大都穿通鼻梁，插入木条或骨片。穿鼻的目的，既可通过鼻孔上的木条或骨片以识别图腾记号，又可祈求图腾的保护。施行穿鼻往往构成氏族青年成丁礼中的重要礼仪，而且通过穿鼻亦可考验氏族青年的勇气和胆量。这种穿鼻装饰同样也盛行于太平洋岛屿上的土著人中。

世界各地的原始图腾社会均存在着各种图腾神话。澳大利亚土著的图腾神话主要是讲述图腾祖先的业绩、氏族的起源与发展等。为使氏族成员特别是少年知晓其图腾祖先所创业绩，澳大利亚土著经常在固定地点定期举行各种特定的礼仪。在这些礼仪中，参与者须亲身表演图腾神话中的情节，将图腾祖先所创业绩再现于世。较之其他地区，澳大利亚土著的图腾祭礼是最具特色的。他们的祭礼地点往往选择在山崖、树林、水域、峡谷，选择这些地点的原因是：1.原始先民敬奉的均是特定地域的图腾；2.氏族起源的神话就是在这些地域发生的，后来这些地点又成为图腾圣地，具有某种特异之处，或为图腾崇拜仪式举行之地，或存在某种如“丘林笳”之类的图腾神物；3.可据以说明该氏族、部落对这个地域拥有主权。

在澳大利亚土著的图腾崇拜仪式中，最具图腾表征的神物是“丘林笳”(Churinga)。澳大利亚的原始先民认为丘林笳是能与“祖先”沟通的秘密灵体，是他们施行图腾仪式的必备工具。丘林笳多用木片或磨石制成卵形或椭圆形，小者长约 30.48 厘米，大者长 152.4～182.88 厘米不等，上面绘有各种几何图形和象征性图案。尽管这些图形与图案在表面上与图腾物并不相似，却被看作是图腾神物的象征。澳大利亚先民相信丘林笳是图腾祖先的寄托所在，常常被置于秘处。未履行成丁礼者不得一睹。放置丘林笳的场所成为圣地。他们认为祖灵在流浪期间会同他的“塔拉帕”（即孩子的胚胎。人们相信灵魂会再次投生，从而得到永远循环的投胎）停留在有关的丘林筘上。这些“塔拉帕”会进入该氏族妇女的身体，使她们怀孕。丘林筘所在地则被视作妇女受孕的地点。当孩子出生时，他的父亲或其他男人就在这个地方找到丘林筘，他们深信该丘林筘从此同这个孩子有了联系。

丘林筘由氏族首领收藏，在氏族青年的成丁礼仪式中，首领会让其看他自己的丘林筘，并告诉他：这是你的身体、你的灵体。当人们在丘林筘上擦上油脂与红赭石时，传说会有活的图腾动物跳出来。看来，寄居在丘林筘上的灵魂，既可化生为人，也可化生为图腾。丘林筘成为人与图腾死后的共居地。

丘林筘上的图案并不是写实的动物形象，而是简单的象征纹样。纹样常见的是一列一列同圆心的圆圈及螺旋形线条，象征动植物，用半圆形线条表示人类。澳大利亚土著的丘林筘上绘着各式纹样，一般人是难解其究竟的。如以大蜥蝎为图腾的氏族，他们的丘林筘正面两端画四个半圈子，中为波状线条，表示动物的长尾，半圆线作为其肋骨，背面取半圆形虚线，象征动物的肩部，另做黑点穿过胸部，下面覆以半圆形代表大肋骨。蚂蚁图腾的人作四个圈子，代表蚁及人的各个部分。蛴螬图腾部落的丘林筘，一面画有一列弯曲的线条，象征一只大蛴螬，四周有梳状线条，为蛴螬住地掘开地面的孔洞。蛴螬旁边绘一列半圆形线条，表示人的存在。背面也绘一列弯曲线，为一只蛴螬，上下作同心圆圈,即其卵形。

澳大利亚土著社会的祭礼仪式主要有成丁礼和图腾繁殖仪式。原始部落的少年成员达到一定的年龄,都要举行成丁礼。此后,他们被正式承认为本氏族的成员,接受本氏族的一切权利与义务。澳大利亚土著的成丁礼,往往要持续数年。

在欧洲殖民者到来之前,大洋洲三大群岛上的居民已形成许多部落,有些已有了农耕;但大多居民还处于渔猎、采集阶段,在信仰上也还处于原始图腾崇拜、祖先崇拜的时期。由于长期的殖民统治,土著居民惨遭杀戮甚至被灭绝,他们的文化也因此消失。现今,我们只能从现存的岩画、木雕、文身与树皮画的图案等物品中去感悟先民的图腾崇拜痕迹。

研究认为,波利尼西亚人的祖先大约来自东南亚地区,有关在太平洋上驾着小独木舟航行的细节,我们所知甚少。波利尼西亚各岛屿间,既有相互的交流,又存在相互的隔离,这使得各岛屿既有文化上的一致性,又有各岛屿之间对观念表达与艺术创造形成不同的风格。波利尼西亚的居民很早就开始在自己的身体上创作伤痕艺术,他们相信通过文身,可以获得图腾神的庇护。这些文刺图案有贝壳、海龟、海怪、蜥蜴、鲸鱼、太阳、鱼类、鸟类、植物、水波纹等,这在一定程度上揭示了他们的生活与图腾崇拜物的关系。毛利人采用割划疤痕的蠡痕形式。蠡痕是文身的一种,即先用燧石、贝壳在皮肤上割划,为使割划的瘢痕格外突出,他们趁割伤未愈合之前涂上泥土或擦上某种植物胶汁。当旧痕愈合后再次割开，迫使瘢痕更加醒目。这种人体装饰，还由于部落的不同图腾，蠡痕的花纹与部位也有区别。在毛利人中，一张文刺过的面孔是受人尊重的地位与身份的标志。这种文刺习俗还影响了他们的雕塑艺术，体现在他们精心雕琢的舟船船艏与舵桨、狼牙棒、面具、岩画的图案与形式。值得注意的是毛利人的生活环境中动物很少，所以毛利人的图腾不像其他原始艺术有许多动物形象，他们的艺术题材不多，所用的图案多半是螺旋形的。美拉尼西亚群岛是西南太平洋的岛群，这里的土著居民肤色为浅棕色和黑色，与非洲黑人相似。由于地处热带，气候炎热，居民的衣着相当简单，通常是女人穿草裙，男人穿树皮围裙，上身裸露，盛行文身。美拉尼西亚艺术最丰富的地区是新几内亚。新几内亚岛(亦称巴布亚岛或伊里安岛)，是大洋洲的第一大岛，主要居民是美拉尼西亚人和巴布亚人。新几内亚的原始艺术主要分布在长 700 英里的塞皮克河流域，桑塔尼湖周围、帕拉利三角洲和巴布亚湾地区。塞皮克河流域居民制作的面具十分精美，这些面具并不都是为了戴在脸上，有的是作为祖先的象征用于祭祀的，有的是在祭祀中主持祭祀者所戴的，也有的是男子在成年礼仪的舞蹈中使用的。那吓人的 6 米多高的图腾面具，据说能驱逐恶魔、保护生灵。在生产仪式中面具可以是代表雨水或丰收的神物。塔米岛上的土著每 10 到 12 年要举行一次持续一年的盛大祭奠，主持人要戴一种用椰子等植物纤维制作的面具。塞皮克土著居民的成年礼舞蹈所用的面具与衣服则由面具、上衣和腰围组成，是用椰子叶或其他植物纤维做成的。这些面具的形式各异，有鸟兽模样的、蔓草形状的、人兽相间的、涡卷形的等，表现的是图腾信仰与祖先崇拜，每件作品都具有鲜明的目的与功能，没有为艺术而艺术的现象。美拉尼西亚的有些岛屿上还保存着一些原始崖画，形象生动，再现了原始先民的生活与信仰。

在新几内亚北面的新爱尔兰岛上，土著居民的面具制作与木雕达到了相当精湛的水平。也许这是一个以犀鸟为图腾的氏族。在新爱尔兰岛南面的新不列颠岛上，舞蹈者拿着象征祖先灵魂的魔力面具，氏族成员在加入神秘社团时需要戴在头上以遮住面孔。这种面具有的是木制的，也有的是用植物纤维或树皮制成的。但我们还是无法解读面具上图案的含义。巴布亚新几内亚北面的阿德米勒尔蒂群岛上，男子即使在平日里也拿着魔力棒，他们相信祖先随时都会给予力量与智慧。

四、美洲印第安人的图腾文化

美洲印第安人各部落都把动物植物或非生物当作图腾崇拜，并以图腾物的名称命名本氏族。他们的生活中充满了图腾崇拜的色彩。先民社会的原始民主制是建立在图腾血缘基础上的，祭祀、生产、治理、械斗、婚姻与财产继承、禁忌等方面的行为规范，也都立足在图腾制的基石上。他们的生活起居、饮食、装饰、原始艺术以至神话传说都浸润着图腾崇拜的观念。可以说，美洲印第安人从社会组织到生产、生活习俗的各个方面都能找到图腾崇拜的烙印。

印第安人部落的氏族大多用图腾动物命名。北美印第安人易洛魁部落的氏族是以动物名称命名的,如辛尼加部落的氏族就有以狼、熊、龟、海狸、鹿、鹬、鹭、鹰等命名的。南美安第斯地区的印第安人也存在图腾崇拜。印加人崇拜美洲豹、南美兀鹫、大鹰与猿等,把它们当成图腾。由于玉米、马铃薯在印加人的生活中占有重要的地位,因此他们崇拜玉米神与马铃薯神。阿根廷南部的印第安人崇奉豆角树,把它当成图腾。在豆角树的树枝上挂满了各式各样的祭品:披肩、斗篷、带子、有颜色的钱等。南美阿劳干地区的印第安人还以黑曜石、太阳、雪、天穹、水、河流、石头、黄金等非生物为其图腾崇拜物,并以这些非生物图腾作为氏族名。

美洲印第安人有杀祭图腾的习俗,有的氏族部落还定期杀祭图腾。加利福尼亚州印第安人阿卡契曼部落崇拜大雕,每年要为图腾物大雕举行一种宗教仪式。阿卡契曼人相信每年杀死的是同一只大雕,它能复生,并会进入一个新的生命期。图腾社会的管理制度基本上是原始民主制。首领是由成年人推选,美洲印第安人神话曾流传天堂之权由诸神轮流执掌。有些印第安人首领任职要经过"戴角仪式"。头上戴角成为首领的象征。公众如发现他的劣迹或对他不信任时,经一致决定可以把他"头上的角"摘下。图腾部落的大祭、战争、迁徙等都须经过成年人或其代表共同商议。北美苏必利尔湖畔的奇佩瓦人有 7 个部落,一旦有要事,7 个部落的首领便集会商议,共同作出决定。例如美国政府侵犯了奇佩瓦人在苏必利尔湖的渔业权,于是他们在 1849 年向美国总统呈上一张图画请愿书,请求给予他们在湖上的渔业权。这份图画请愿书上画了7只动物:1只鹤、3只貂鼠、1只熊、1条人鱼、1条鲶鱼。它们是7个部落的图腾,用以代表7个部落。图上有1条线串7颗心,另有线条把7只动物的眼睛联结起来,从鹤的眼睛又有1条线牵向湖。意思是7个部落1条心,1个目标就是向国会请求,给予在苏必利尔湖上的渔业权。

美洲印第安人在婚姻和财产继承上也印有图腾文化的痕迹。智利中部的阿劳干人在父系氏族制初期,其世系仍按母系计算,儿女的名字与母亲的图腾有关系,而与父亲的名字不同,属于同一图腾的人都是母系方面的亲属,他们构成一个外婚制部落。当时阿劳干人的婚姻制度已是夫方居住婚,所以在一个村落居住的是一个父亲、他的几个妻子和他们儿女,以及这位父亲的兄弟们及他们的妻子、儿女等。在一个村落里所有属于同一图腾的人联合在一起构成所谓“德弗”。村落里“德弗”的数目要依妻子的人数而定。因为她们属于不同的图腾。一个家长有几个妻子,那个家就分成几个“德弗”。阿劳干人则把同母所生的儿女及同母姐妹的儿女看成兄弟姐妹。而同父不同母的隔山兄弟姐妹则分属于不同的“德弗”,他们之间不能算亲属。同一“德弗”之间的男女,因属于同一图腾,他们间不准通婚。只要属于不同图腾的人,即使同父不同母的兄弟姐妹也可通婚。这种近亲(父系)间的通婚在阿劳干人中曾极为普遍。当时,阿劳干人的财产继承上还具有浓厚的图腾色彩。父亲死后,财产由和他同一图腾的人继承,通常是由住在别的村落里其姐妹的儿女继承。但他的几个妻子已成为其私有财产,由长子继承。当然这个儿子的母亲以及与他同属一个图腾部落的妇女除外。

印第安人的生活习俗也具有浓烈的图腾色彩。印第安人酋长死后举行葬礼时，会有许多首领、酋长及两个胞族的大批成员群集送葬。按惯例由对方胞族向死者遗体致辞。再由对方胞族代表将遗体抬至墓穴。跟随其后的行列中，最前面的是首领和酋长，其次是死者家族及本氏族的成员，再次是大胞族中其他成员，最后为对方胞族的成员。墓穴填上土后，把死者任首领职位的标志“角”放在墓顶，正当死者头部，一直放到继任者就职时止。同氏族的人还要为死去的酋长立墓碑。

美洲印第安人的住房颇有特点。易洛魁人的住房称长屋，长 1 524～2 438 厘米，上面覆盖三角形屋顶。房屋内部每隔 183～244 厘米分隔出一间房，每个房间像牛栏那样对着过道完全敞开。过道在长屋中间，从一端通向另一端，两端各有一门，门上悬挂兽皮。每隔 4 个隔间(相对各两间)有一个火塘。火塘在过道中间，由居住这 4 个隔间的人共同使用。所以有 5 个火塘就可住 20 个家庭。居住在一起的母亲们通常都是亲姐妹或堂姐妹，她们同属一个图腾氏族，孩子们也属于母亲的图腾氏族，母亲的权利受到保护。丈夫们属于别的图腾氏族，如果分居，那么离开长屋的不是妻子，而是属于别的图腾氏族的丈夫。为标出长屋居住者的图腾，相当多的长屋在建造中直接用图腾柱来代替别的立柱和房架。于是整个村落便如一个高低起伏的图腾和壁画交错的世界。远远望去，不见低矮的长屋，却见高耸的图腾柱屹立在村落中。

近水边的印第安人建造了许多独木舟，这是他们重要的交通运输工具。这些独木舟是用粗大的雪杉树制作的。独木舟造好后，人们用颜料将图腾画在舟上。除美观外，舟上刻画的目的就是希冀凭借这些图案能为其渔猎带来丰收、平安。舟上刻画的图案往往是狼、熊、鲸鱼、青蛙和雷鸟等，这些动物实际上就是各个氏族的图腾。

五、非洲人的图腾文化

在撒哈拉以南的非洲各族中，图腾崇拜至今仍是他们传统文化的一个重要组成部分。非洲各族认为与他们在同地域里相生相伴的动植物是神秘莫测的，对它们既崇拜又敬畏，并相信某一动植物是本氏族的渊源，相信该物种与氏族之间存在着血缘关系。

多哥境内的迪埃部落有10个氏族，分别以巨蟒、鳄鱼、狗和青蛙为图腾(其中7个氏族图腾相同)。贝・格贝里耳部落有两个氏族，分别以蛇和地鼠为图腾；贝・伊特贝部落有3个氏族，分别以鳄鱼、狮子和蛇为图腾；汤部落的3个氏族分别以马、驴和鼠为图腾；菲洛部落的两个氏族分别以蛇和猪为图腾；阿凯布部落的3个氏族分别以豹、猫和蟒蛇为图腾；迪克尼部落的3个部落分别以棕榈鼠、狗和鼷鼠为图腾；阿克波索部落各氏族分别以豹、龟、蛇、狼、蜗牛等为图腾。在加纳境内，亦有许多图腾部落，如阿坎人崇拜老鼠；维纳巴人以羚羊为图腾。在尼日利亚和贝宁境内的约鲁巴人中，家中有双胞胎的都以驴子为图腾。贝宁的丰人崇拜豹；苏丹南部努埃尔人的济纳卡支族的伦格部落以雄狮为图腾；纳克部落以大蜥蜴为图腾；贾尼部落崇拜鳄鱼；丁卡族的一支崇拜眼镜蛇和一种非洲毒蛇。瓦卢克人崇拜乌龟；济贝格人崇拜鸵鸟；特维人各支族把自己的图腾称为"爷爷"，他们分别以鹦鹉、猫、乌鸦、蛇和豹为图腾。乌干达的瓦伊卡人崇拜鼹鼠。南非的巴鲁策人以狒狒为图腾；巴罗郎人的一支以鱼为图腾；布须曼人崇拜羚羊，所以他们描绘了大量的羚羊岩画。尼日利亚北部的姆布拉部落相信自己都是猫的后代，他们所需要的一切（食物、健康的身体、生儿育女等）都是图腾赋予的；恩吉津部落把自己与某种动物（鼹狗、豹、蛇、鹳等）混同为一；尊崇豹的马斯加拜氏族相信豹曾经帮助过自己的始祖母，并给她带来了羚羊。伊博部落的许多氏族都把自己与某种动物等同起来；有个叫乌马戈的氏族，在伊博语言中，"乌马戈"一词意为"豹的孩子"，他们认为图腾与人之间有感应，可以互生。

在非洲社会中，图腾文化对人们的生产和生活产生的影响很大。图腾崇拜有利于加强非洲各氏族、部落的团结。因为同一图腾的人们都认为他们彼此之间有血缘关系。图腾禁忌也起着约束人们行为、强化群体团结的作用。在南非的巴罗郎部落内，如果发生纠纷，酋长又难断曲直，或断后的一方不服，酋长就会拿出珍藏的图腾标志——铁锤，让双方对着铁锤发誓，理亏的一方据说就会受到图腾的惩罚。图腾文化还影响非洲人的生活习俗。在班巴拉人中，成年男子喜欢把头发梳成两只羊角状的发束；富尔贝人无论男女老幼都独留头顶上的一绺头发，周围的头发被剃光；布须曼人认为一个人的颈部是连接头和躯干的关键部位，因此常把图腾动物的齿、角绕于颈部，用颈饰来保护自己的生命。刚果北部的人为模仿他们的图腾斑马、猫、鳄鱼的牙齿，常常把自己的牙齿磨尖或拔去一部分牙齿，或毁损上门牙。这些看似怪异的举动，其实就是亏体装饰。亏体是与文身并列的两种不同形式的原始时期的人体装饰，即人为地使身体的某一部分造成缺损，以表明自己对图腾的崇敬和与图腾的同一化。这种亏体装饰在东非、肯尼亚、津巴布韦等地曾流行。东非的玛孔德妇女喜欢在鼻、唇等部位扎一洞，插入木棍作为饰物；津巴布韦地区的马肖族妇女在上唇插入圆环；南非的马克洛部落的妇女在嘴唇上穿孔，再装饰上铁环或竹环。有位旅游者就这种装饰的由来请教该部落的酋长时，酋长反而对这样的问题感到奇怪，他说，这是女人们唯一的身上装饰，自然是为了美呀！亏体装饰在大洋洲的土著居民中也曾盛行。

图腾崇拜对非洲人的文化艺术亦留下了深深的痕迹。许多非洲部落的舞蹈都直接模仿图腾动物的动作。据说一个茨瓦纳人想了解对方属于哪个部落，只需询问：你跳的是什么舞，便可知分晓。非洲南部遗留下来众多的岩壁画，保存了许多图腾崇拜的形象。布须曼人喜欢描绘兽头人身的图像。图像多为幻想中的动物和披着兽皮、戴着动物形象面具的舞蹈人物，有的化装成各种野生动物，手上还拿着弓和矛；有的身体上部用羽毛作为装饰；有的头部被画成长脖子的鸵鸟；也有的是佩戴羚羊或公牛头面具的人物形象，根据布须曼人的神话传说，这些半人半兽的图像是他们作为图腾来崇拜的。南部非洲到处都有羚羊的形象，表现手法十分雷同，很可能也与图腾崇拜有联系。在布须曼人部落，女孩初潮一来，马上要送到单独住处隐居起来，在隐居处，每天有一群妇女围着她的住处歌舞，她们都要裸露下身以表明性别。少女初潮结束，母亲要给女儿洗身，并在少女的双肩、后背和胸前刺青，把她的脸照大羚羊的样子涂抹起来，并在头上扎上饰带，下身用兽皮遮饰。当少女被领出棚外时，男女老少群起手舞足蹈尽情歌舞，祝贺少女成年。这种场面在南非的岩画中也有反映。

非洲的木雕艺术有着古老的传统，它与宗教祭祀有着不可分割的关系，实际上许多木雕本身就是原始民族的图腾与祖先偶像。非洲原始先民按万物有灵的观念去理解生活，相信自己的祖先是某种动、植物。他们的氏族不仅以这种动、植物命名，而且在图腾崇拜时，要把自己扮成图腾模样，他们认为在宗教仪式中可以使图腾形象再生，所以非洲的面具多半制成半人半兽形象，在歌舞表演中先民们也是模仿兽类和鸟类动作的起舞。在他们眼里，面具是祖先灵魂或大自然的化身，而面具佩戴者也就具有了灵魂的本性。面具不只是遮盖佩戴者的真面目，而且是为了显示灵魂的本性。非洲面具的形状千差万别，大小不一，小不盈尺，大可越 10 米，既有奇禽怪兽，也有发人深思的几何线条造型。非洲先民的图腾面具，重要的是体现非洲先民的集体生活与信仰理念。当自然灾害降临，他们会把面具戴起来，伴随狂热的鼓乐声，手舞足蹈，或戴上面具像幽灵般静静地徘徊，用戏剧性的动作祈求图腾物给予魔力。

班巴拉、多贡、塞努福等部落民族都有这类面具。班巴拉族最有名的面具是“契巴拉羚羊顶饰”。“契巴拉”是班巴拉族传说中的祖先，也是传说中的英雄，据说是它把文明传播给了班巴拉族。因此班巴拉族在每年的播种之前，都要戴上契巴拉面具在田间跳舞，以祈求丰收。多贡族、博博族和塞努福族都是沃尔特河流域的农业部落，他们的图腾面具经常被用于成丁礼或农业、狩猎的仪式中。西吉节是多贡族的主要节日，每60年举行一次。大典活动的高潮是面具王“伊米南”。“伊米南”是神话中的祖先吉翁古·谢鲁的化身。他以蛇的外貌出现，有超自然的神秘性。每逢西吉节，每个村落都要花费几个月时间雕刻面具王，其形象是蛇形杆子或饰有一个三角形小头像和绘有暗红色三角图案的10米长的木杆。然后在面具王保管者的监督下，把它存放到秘密地点。西吉节持续3周，面具佩戴者要唱歌跳舞，举办丰盛的宴会。面具王的形象像蛇，而且只有一个顶饰。其他氏族成员所戴的面具都是自己制作的，花样很多，有狮、豹、狼、羚羊、猫头鹰、鳄鱼等形象。每个面具都有神话传说的根据。

六、中国的图腾文化

1. 彩陶上的图腾

中国的图腾文化丰富多彩，考古遗存中发现，早在石器时代，中国已有不少图腾文化的遗产，彩陶纹是新石器时代最引人注目的艺术纹饰之一。

中国原始社会时期，陶器上的纹饰是异常丰富的。根据现有的资料，陶器纹饰可以归纳为动物纹、植物纹、几何纹、人物纹等。这些纹饰是原始人生活和思维的反映，同时这些作品又以其直观粗糙的形象和巧妙的构图，折射出原始先民的物质生活和精神生活。

动物纹是彩陶纹样中最丰富的一种。常见的动物纹有鱼纹、鹿纹、鸟纹、蛙纹、猪纹、壁虎纹、羊纹等，在中国黄河中游、汾河流域和渭河流域的中原地区，在黄河上游、洮河、大夏河和湟河流域的西北地区，都遗留下以动物纹作彩陶装饰的器物。鱼纹是常见的动物形象的纹饰之一。半坡遗址出土的彩陶上，鱼纹是最有代表性的纹饰。彩陶鱼纹形象生动逼真，大多数纹样饰于卷唇折腹圆底盆的肩部，其次是饰于卷唇折腹圆底盆的内壁，少量饰于斜颈罐和圆底直口钵上。鱼纹的形状大体可分为单体和变体。

单体鱼纹形态各异，有的鱼身各个部位俱全，头、尾、鳍及身体都画出来了；有的微张着口作游水状；有的牙齿显露、睁眼向前；有的嘴作尖状向前寻觅食物。复体鱼纹大多是由两条或两条以上的鱼组成的图案，有两条鱼叠压的和并列的两种形式；有的两条鱼平行叠压，鱼身和鱼头合在一起；有的两条鱼相叠只有一个鱼头。有的两条鱼相叠却看不到鱼头，这些纹饰已趋向图案化了。半坡遗址还出土了7例鱼纹与人面结合在一起的图案，考古学上把这种图案称为“人面鱼纹”。这种图案大多绘于翻唇浅腹盆的内壁，形象接近图案化。人面作圆形或椭圆形，眼及耳梢以上作黑彩，眉或作空白的弯曲状或涂黑，鼻作倒T字形或倒三角形，眼用两段直线表示，耳部向外平伸向上翘起弯曲成钩或两边各有一条小鱼，嘴角边有两道交叉线，或各衔一条小鱼。半坡遗址还发现一例人面和鱼形合体的花纹，人面绘制在一个鱼头的眼睛部位，构思十分巧妙。

鱼纹与人面鱼纹的含义，从 20 世纪 50 年代起就存在着不同的理解。有人认为这些图纹反映了一种早已失传的神话，有的认为反映的是一种渔猎巫术仪式，表现了人们要获取更多的鱼的愿望。但一般认为这是图腾信仰的标志。在原始社会中，图腾是原始人生活和原始信仰寄托的象征，因此人们的艺术活动往往与图腾崇拜相关。图腾徽号往往被刻在某些器物上。半坡彩陶的鱼形纹饰可能就是氏族的图腾标记。这种习俗在五六十年代的中国南方依然有迹可循，人们习惯于在自家的碗、盆等瓷器上刻上主人的姓或名，当然刻字的目的是便于识别。至于人面鱼纹，大概还含有“寓人于鱼”或“鱼生人”之意，是图腾崇拜的对象。其实在一些盛行图腾崇拜的原始部落中，图腾生人的传说很盛行。半坡氏族的先民们是否认为他们的祖先是鱼，或是人头鱼，现在我们还不知道，但从图像中我们可以猜测，他们是把鱼作为图腾来崇拜的。

半坡遗址出土的彩陶还绘有少数鸟纹、鹿纹。临潼姜寨遗址出土的彩陶上绘有鱼蛙纹，红山文化中出土了大量制作成动物形象的玉器，如玉猪龙、玉鸟、玉龟、玉鱼等。猪在红山文化先民的观念中占有重要地位，可以认为猪是红山文化先民的图腾。甘肃、青海地区的马家窑文化遗址出土的彩陶，主要有写实风格的蛙纹和鸟纹。

1956 年，河南省陕县（今河南三门峡市陕州区）庙底沟出土的圆曲线花瓣纹陶盆，是一件少见的花卉图案彩陶，有专家认为这可能就是华族得名的由来，这种花卉彩陶在原始文化中是独一无二的。庙底沟遗址分布的中心地区是在华山附近，正和传说中的华族发生及其最初形成阶段的活动和分布相吻合。华山是因华族而得名，华族是因他们崇拜花卉而得名。华字在古代的字意就是“花朵”，华族为何以花为族名呢，或许是由于他们的图腾是华（花），所以崇拜花卉，他们把花的形状画在陶器上，祈求图腾祖先施福保护自己的后代。

2. 龙图腾与龙俗文化

对龙的崇奉在中国历史上是一种绵延了数千年的特殊现象。在中国人的心目中，龙具有非凡的能力，它有鳞有角，有牙有爪，能钻土入水，能蛰伏冬眠；它具有自然力，能兴云布雨，又能电闪雷鸣。关于龙的形象，无论古人还是今人，都曾确切地指出它的特点。最典型的是宋人罗愿的“九似”，他说龙“角似鹿、头似驼、眼似兔、项似蛇、腹似蜃，鳞似鱼、爪似鹰、掌似虎、耳似牛”。明代李时珍在《本草纲目》中采用了罗愿的说法，只是将“鳞似鱼”改为“鳞似鲤”。今人对龙形象的研究更进一步，闻一多在《从人首蛇身像谈到龙图腾》中认为龙是以蛇身为主体的，并接受了兽类的四脚、马的头、鬣的尾、鹿的角、狗的爪、鱼的鳞和须。也有人认为，龙是古人对一些爬行动物和哺乳动物以及自然天象模糊集合而产生的神物。然而，无论古人还是今人，他们所表述的龙的形象都是在龙形象完美之后的形态，并不是作为图腾的龙的最初的形象。那么，龙的原始形象是怎样的呢？

从考古学、历史学和民族学的资料看，原始龙是以蛇为基本原型的。这个结论可以从以下几个方面得到证明：(1)考古发现的文物，无论是玉龙还是陶器龙纹，其躯干都是蛇体；(2)古籍中保留了大量关于龙就是神化的蛇的记载。王充在《论衡》中说："龙或时似蛇，蛇或时似龙。"葛洪认为龙有自然生成的，也有蛇神化而成的，两者并没有什么区别，龙未升天时，它的习性与蛇相同，也是蛰伏在泥土之中，蛇得到了神化，也可腾云驾雾；(3)自古以来龙蛇并提，这是原始龙以蛇为原型、几千年来形成的民俗心理反应。《左传·襄公二十一年》说："深山大泽，实生龙蛇。"《易·系辞》说："龙蛇之蛰，以存身也。"《论衡》说："龙鳞有文，于蛇为神。"李白有诗："恍恍如闻鬼神惊，时时只见龙蛇走。"陆游有"斜阳生木影，龙蛇满窗纸"的吟唱。两千多年来相沿成习的"龙蛇连文"，说明龙的本像是蛇，这是一种千古相传的民俗心理意识；(4)中国南方的壮族、彝族、布依族等少数民族，也有舞龙的习俗，其龙身也是蛇的形象。纳西族有个传说，说是龙受到了惩罚，就变成了蛇；(5)在汉族的十二生肖中，民间常把蛇称为小龙，又把蛇蜕(蛇皮)叫作"龙衣"，说明民间有龙源于蛇的俗信。据此，龙的原型当是蛇，龙是在蛇图腾的基础上发展演变而成的。

我们今天所知的龙是中国历史上部分民族在蛇形的基础上，不断构想、不断创新、不断完善而逐渐形成的。那么，崇龙的原始先民是谁呢？据较早也较可信的古代文献的记载，远古时期，中国大地上曾先后出现过一些著名的部落，其中最著名的是黄河中、下游和渭河流域的炎帝部落和黄帝部落,黄河下游的少昊部落,江淮流域的太昊部落。史称炎帝族首领“牛首人身”,故有些学者认为炎帝部落以牛为图腾,但据说炎帝的族姓是“姜”,可以信据,姓从母系,姜即羌,故炎帝族的母系图腾为羊。与炎帝族并世为胞族的是黄帝族,中国学者龚维英认为:黄帝,意为黄土高原上的统治者,其图腾应是黄土。史载黄帝之母见大电光绕北斗枢星照野,感而怀孕……那么雷电便是其准原生态父系图腾了。黄帝族的母系图腾当是天鼋(神化的三足大龟鳖),天鼋即轩辕。黄帝族号称轩辕,又称有熊氏。黄帝的族姓为“姬”。“姬”即“基”,足迹。所以黄帝裔族周人的族姓为“姬”。周族肇始神话是高祖妣姜嫄履巨迹生下男性始祖周稷,所以姓姬。炎帝、黄帝族属于华夏族团。而黄河下游的少昊部落和江淮流域的太昊部落则属于东夷族团,少昊部落以鸟为图腾。《左传·昭公十七年》有记载:“我高祖少昊挚之立也,凤鸟适至,故纪于鸟,为鸟师而鸟名。凤鸟氏,历正也;玄鸟氏,司分者也;伯赵氏,司至者也;青鸟氏,司启者也;丹鸟氏,司闭者也。祝鸠氏,司徒也;鴡鸠氏,司马也;鸤鸠氏,司空也;爽鸠氏,司寇也;鹘鸠氏,司事也。五鸠,鸠民者也……”可以认为,少昊部落是一个庞大的禽鸟图腾的氏族集团。太昊部落以什么为图腾呢?从一些资料看,龙是太昊部落的图腾。《左传·昭公十七年》还记载,太昊氏“以龙纪”,陈(今河南淮阳县)为太昊之墟,春秋风姓四国(在今鲁西、鲁南一带)除了祭祀祖先神太昊,还祭祀济水之神。据此可推知太昊族的发源地在今发现的以泰山为中心的大汶口文化的范围之内。

上古时期，太昊部落活动的黄河下游地区，气候温暖，植被大部分保持着原始格局，毒蛇猛兽随处可见。七八千年以前，人们制造石器，用集体的力量捕杀猛兽，但是对于既能生存于草莽丛林、又能生存于沼泽湖滨的毒蛇，却束手无策。生产力低下的原始人因认识上的愚昧，将蛇谓为神明。至今，江南许多地区仍有崇蛇习俗，如把一种无毒蛇称为家蛇、苍龙和天龙。据史籍记载，太昊部落以龙为官。北宋刘恕在《通鉴外纪》中说太昊部落的官号有飞龙、潜龙、居龙、降龙、土龙、水龙、青龙、赤龙、白龙、黑龙、黄龙等。其实这些不同的龙，既是官号，也是部落内不同氏族的图腾名称。

龙既然是神化的蛇，它的原始形象当然是蛇。那么，先民们是怎样对它神化的呢？最普遍的一种方法就是在蛇旁边加上云雷纹饰。

崇龙之族在与其他氏族融合的过程中，产生了许多形形色色的原始地方龙。

（1）猪龙　为猪首蛇身形。辽宁建平县出土的环形玉猪龙是用辽宁岫岩玉雕成，形象古朴，有猪首特征。与此类同的玉器是在内蒙古三星他拉地区出土的一件龙形玉器，形象有了进一步的发展，在猪首蛇身之上夸张地表现了猪的刚鬣，因其首部形象明显呈猪首特征而被定名为“玉猪龙”。这两件玉器均属新石器时代红山文化遗物，是原始龙的一种较早的地方变体。

（2）鱼龙　顾名思义，鱼龙就是鱼和龙的结合。鱼龙又称“陵鱼”，“陵”“灵”音同，而“龙”“灵”古代音义可以相通。《山海经》中讲到，鱼龙“壮如鲤”，“人面、手足、鱼身”，仰韶文化中出土有众多绘有人面鱼身纹的彩陶。在甘肃甘谷的仰韶文化遗址中，出土了一件彩陶瓶，图案是人面、手足、鱼身。此鱼身，细长而弯曲，明显呈蛇形，很可能是传说中的鱼龙。把这幅图像与《海外西经》轩辕之国的“人面蛇身，尾交首上”的描写相比较，也有几分相近。

在民间心理中认为鱼特别是鲤鱼，与龙有着神秘的变化关系，后世又演变为鲤鱼跳龙门成龙的故事。《太平御览》卷四六六引《三秦记》说：“龙门山在河东界，禹凿山断门，阔一里余，黄河自中流下，两岸不通车马，每暮春之际，有黄鲤鱼逆流而上，得者便化为龙……初登龙门，即有云雨随之，天火自后烧其尾，乃化为龙矣。”黄河流经龙门时，水速、落差极大，鲤鱼要跳过去，实在不易。没有本事跳过去的鲤鱼，只能等到全身长满 360 个鳞片，也可以得道飞去。此种传说传至孔子时，民间已演变为“望子成龙”了。据说孔子得贵子，鲁昭公送他鲤鱼，孔子因此为儿子取名为“鲤”，这可能是最早的“望子成龙”的例子了。到了唐代，人们已用“鲤鱼跳龙门”来喻指考中进士了。以上的神话、民俗若要寻找源头的话，实可以追溯到仰韶文化时期的鱼龙，鱼龙是原始龙最重要的一种地方变体。

(3) 鸟龙　在中国，鸟崇拜的习俗较广，几乎遍及古代东部沿海和南方的部分氏族、部落。这些部落群体与崇龙群体杂居之后，逐渐产生了鸟与龙的结合现象。鸟龙主要有鸟头龙身和龙头鸟身。古代神话中助黄帝攻打蚩尤、助大禹治洪水的应龙，据说有翼，具有鸟的特征。

因此，它是龙与鸟的形象结合。至今，云南彝族、白族等一些崇龙的人们，他们创造的龙的造型大多是长有双翼的飞龙。

1987 年 12 月，在河南濮阳市的水利工程中，人们发现了仰韶文化遗址，在其墓葬群中发现了用蚌壳砌成的 3 条龙，3 只虎和人物的形象，还有人骑龙的造型。其中 45 号墓男性墓主骨架左侧是用蚌壳砌成的虎，右侧是一条用蚌壳砌成的蜿蜒的龙。据实地测量，龙身长 1.78 米，高 0.67 米，龙的形象是昂首、曲颈、弓身、长尾，呈蛇形，但有明显的鸟类的爪子，有人认为是鹰爪。据考证，该墓葬的时间是仰韶文化晚期的遗物，比鱼龙晚。

除上述介绍的之外，还有一些地区和民族有其自身的地方变体龙，如马龙（马头蛇身）、鹿龙（鹿头蛇身）、犬龙（狗头蛇身或龙头狗身）、牛龙（牛头蛇身）等。

如此看来，这些原始地方的变体龙，其共同的特征是蛇身，这表明蛇身是龙躯体的主要造型。关于龙的起源和形象的发展，闻一多描绘说："大概图腾未合并以前，所谓龙者只是一种大蛇。这种蛇的名字叫作'龙'。后来有一个以这种大蛇为图腾的团族兼并、吸收了许多别的形形色色的图腾团族，大蛇这才接受了兽类的四脚，马的头、鬣和尾，鹿的角，狗的爪，鱼的鳞和须……于是便成了我们现在所知道的龙了。"这个论述虽过于笼统，但也说明了龙作为中华民族的图腾，其形象是在历史的发展中不断演变、不断完善的。直至今日，我们还常常说"龙的传人""龙的子孙"，这些都是图腾祖先观念的残余。

3. 葫芦与图腾

中国各民族流行的神话中，比较多的是关于葫芦的神话。汉族、彝族、白族、黎族、水族、布朗族、壮族、土家族、瑶族等民族都有葫芦的传说，其中最著名的首推伏羲、女娲诞生自葫芦的图腾神话。伏羲、女娲以葫芦作舟，避过漫天洪水，然后再从葫芦中出来，以兄妹（姊弟）婚配，繁衍行将灭绝的人类。羲、娲出自葫芦，等于葫芦所生。闻一多据古籍与民俗资料考证，认为伏羲、女娲本皆是葫芦的化身，所以不同，只是性别。《诗经》中说："绵绵瓜瓞，民之初生。"意思是说人最初由葫芦衍生。这从一个侧面告诉我们，葫芦是氏族的图腾。胡崇峻搜集整理的汉族创世神话《黑暗传》中说：神的时代，由于诸神纷争，导致了一场大洪水，把地上的人都淹死了。这时，从洪水中漂来了一只大葫芦，玄黄祖先把葫芦捞上来一看，里面有一对少男少女，于是他把兄妹俩命名为"龙氏"，龙族便由此兴旺起来了，人类也由此繁衍。

许多民族的葫芦神话，内容都大同小异。

白族的神话说：不知多少万年前，天神阿白偷偷告诉人们，地上要发大洪水了，你们赶快搬到大葫芦里去住吧。可是大家都不相信，只有阿布贴兄妹照天神的话去做了。不几天，地上果然发了大洪水，一连 99 天大水不退，人们都淹死了，只有躲在葫芦里的阿布贴兄妹幸存了下来。后来兄妹俩结婚，生育了 5 个女儿，分别嫁给了熊、虎、蛇、鼠和毛虫，于是大地上重现了人类。

再看看克木人的传说：在很古很古的年代，天地一片灰蒙蒙，分不清东南西北。有一天突然雷声大作，一个火球落

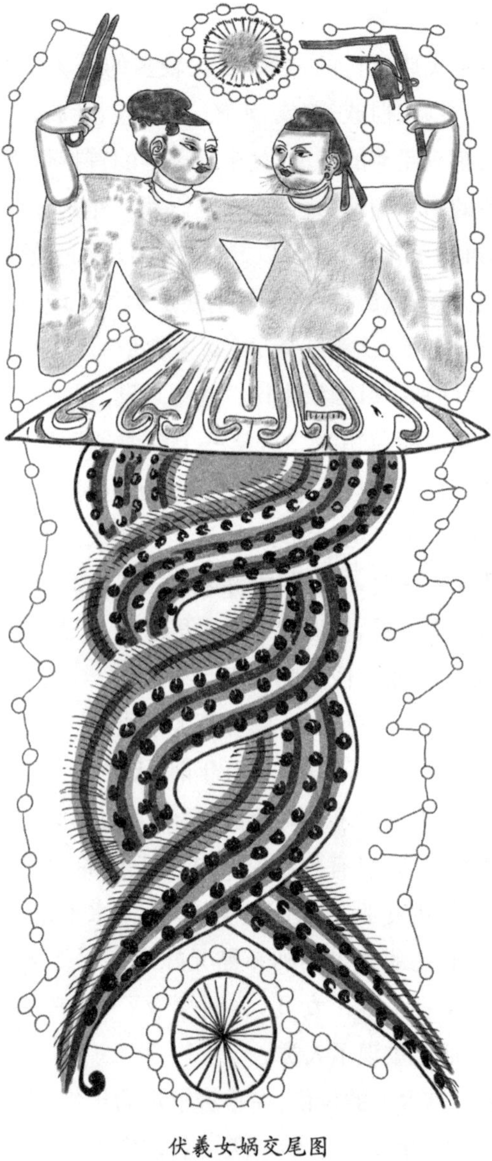

伏羲女娲交尾图

下，分出了天与地，大地变成了一片火海，万物都被火烧尽了。接着是一阵震天雷鸣，倾盆大雨把大地淹没了。洪水过后，大地上只剩下了兄妹两人。这时天空中突然飞来了一只叫“得哥”的鸟，围着他们反复叫道：“世上已没有人类，你们兄妹俩可以拥抱了。”兄妹俩很奇怪，心想，我们四处寻找生物都没找到，现在出现一只会说话的得哥鸟围着我们飞，并且重复说着这么一句话，是不是神有意让我们兄妹俩结合。于是他们便遵循神的旨意，对着天地成了亲。不久妹妹怀孕了，奇怪的是怀了很久后，终于生下了一个大葫芦。夫妻俩很失望。这样又过了 3 年，葫芦里有了响声，而且响声越来越大，连房子都震动了。他俩很奇怪，便留心观察葫芦，一连几天葫芦里都发出响声。为了解开葫芦响声的谜，夫妻俩用烧火的尖木棍放在火中烤焦后在葫芦上钻了一个洞。从洞中走出了 110 个人，他们在大地上分开居住。克木人是最先从葫芦里出来的人，因烧火棍烧焦了，葫芦上有焦炭色，出来时身子被染黑了，因此他们的肤色是古铜色的。为了感谢得哥鸟的功劳，克木人便以“达得哥”为姓氏，克木人语言中管姓氏叫“达”，“达”即为祖先。

布朗族则有这样的神话：在开天辟地的时候，大地上已有了花草树木和鸟兽虫鱼，但还没有人类。不知过了多少时间，在空旷的山谷里突然长出了一个葫芦，里面孕育了许许多多的人，只是他们没法出来。后来从远方飞来了一只鸟，在葫芦上啄开一个洞，于是布朗人和其他民族的人便一个个来到了这个世界。

土家族相信人类是由葫芦再造的，他们流传着这样一个造人的故事:开天辟地时,出了 4 个力士兄弟,他们都是孝子。母亲病了,想吃雷公肉。于是他们抓住了雷公,叫罗氏兄妹看守,自己分头去准备杀雷公的工具。雷公哄罗氏兄妹给他个火,吸袋烟。雷公得了火,便趁机逃走了。他请求雨娘娘放天水,把地上的人全淹死了。但又感激罗氏兄妹救了自己,便送给他们一个葫芦,使他们在大洪水中幸存下来。

云南哀牢山区的彝族普遍流行供奉祖灵“葫芦”的习俗。凡是供奉祖灵葫芦的家庭,其壁龛或供桌上,通常供奉几个葫芦。每个葫芦代表一代祖先,彝族称葫芦为“阿普”,与祖父的称谓完全相同。当地彝族人有“人畜清吉求葫芦,五谷丰收祈土主”的谚语,认为葫芦是他们的祖先,葫芦能保佑他们人畜兴旺。

阿昌族、傈僳族、苗族也有崇拜葫芦的习俗。阿昌族分为“大阿昌”“小阿昌”和“昌撒”三支,其中“昌撒”以葫芦为自己的氏族名称,昌撒语称为“喇翁”,意为“葫芦人”。

据 20 世纪 50 年代的调查,傈僳族和苗族也有许多氏族以葫芦为本氏族名称的。他们族中的许多老人在胸前或腰间悬挂一只光亮的葫芦,盛酒或水,既作为自己源出的祖先灵物随身携带,以求平安,也把葫芦作为生活器皿使用。

可见,葫芦神话与葫芦崇拜大致有三类:(1)人类由葫芦所生;(2)葫芦使人类祖先在大洪水中得以再生;(3)把葫芦作为祖先或灵物。这些意识都是一种图腾意识。在这里,葫芦成了孕育子嗣的蛋壳了,这种图腾神话属于图腾卵生文化。由葫芦神话衍生的传说亦多种多样,最有名的是盘古开天地。传说盘古出世时，将身一伸，天即高，地便坠下，天地相连处，盘古则左手执凿，右手持斧，或用斧劈或用凿击，自是神力，久而天地乃分，二气升降，清者上为天，浊者下为地，自是混沌初开。盘古与葫芦图腾有什么关系呢？彝语专家刘尧汉在《论中国葫芦文化》中指出，盘古就是葫芦，盘古的盘，本是“槃”，“槃”即葫芦，“古”意为开端，所谓“盘古”，即“从葫芦开端”。刘尧汉的考证，说明神话中隐含着远古葫芦图腾文化的痕迹。

第三章　斑驳离奇的图腾禁忌与祭俗

一、勇气与恐惧合一的图腾禁忌

根据奥地利心理学家、精神分析学派的创始人弗洛伊德的说法，"禁忌"，是太平洋岛屿上波利尼西亚语 taboo 的汉译名称，"taboo"音译为"塔布"，它与古罗马语 sacer、希腊字中的 äros 和希伯来语中的 kadaush，意思相近，主要包含了两个层面的意思，一指崇高的、神圣的事物；二指不洁的、危险的、禁止的事物。最早的禁忌是图腾禁忌。图腾禁忌由图腾观念衍生，它是图腾崇拜的一项重要内容。图腾禁忌大致可分为行为禁忌、食物禁忌和言语禁忌，主要表现为禁捕、禁触、禁摸、禁视、禁食和禁呼图腾物等方面。

1. 行为禁忌

这是图腾禁忌的一个重要内容，它表现为禁伤、禁杀、禁捕、禁触甚至禁视图腾物。在图腾文化盛行的群体中，图腾物被认为是神圣的。如果图腾物是生物，则禁止伤害、捕杀；如果图腾物是非生物，则禁止触摸，违者会受到严惩，甚至会被处死。

在古今一些民族中，存在着不少图腾行为禁忌的实例，例如住在美洲西北沿海的特林吉特人有一种奇特的图腾禁忌，狼族不得养狼，乌鸦族不得养乌鸦，蛙族成员都怕青蛙。美洲中部弗克恩人的禁忌更是五花八门：雷族人不许倚靠树干的西侧，不许裸身沐浴；鱼族人不许建堤；熊族人不准爬树；野牛族人不许剥任何有分趾蹄的野兽的皮，也不许看将死时的这类动物；狼族成员绝不能掩埋任何属于该族的动物，也不准打狗；鸟族人不能伤害任何鸟类；鹰族成员禁止在头上戴羽饰；“头人”氏族的成员永远不许说人的坏话；海狸族成员不得游水渡河；白狼族成员则不得喊叫。

中国许多少数民族，如彝族、纳西族、普米族、壮族、布朗族、瑶族、侗族、傈僳族、苗族、赫哲族等也都有自己的图腾禁忌。纳西族严禁任何人砍伐“神树”，认为砍了“神树”会刮大风、下大雨。摩梭人严格遵守人不伤虎的习俗，倘若在深山密林中偶然见虎，他们定要退避躲藏。土司禁止属民猎虎，若有胆大包天的猎人打死虎，土司闻知后会立即捉拿治罪，当众鞭笞，并罚钱财。猎人打死的老虎不能自行处理，必须交给土司，土司视虎死如丧考妣，向死虎烧香，献祭品，磕头，哀求死虎恕罪，并寻找种种借口解释是误杀，不是有意伤害，请虎祖宗宽恕。赫哲族人中的阿克坚克氏族也奉虎为图腾加以崇拜，如果本族某个人无意中打死了虎，那么他就大祸临头了。赫哲族人普遍相信，在这种情况下猎人一定会梦见一位白胡子老头，老头会对他说：“你为什么要杀死我的儿子，你不该跟踪它的足迹，走它走的那条路。你不该看它，如果远远看见了它，你该叩头向它致意。”说完这些话后，老头还会把猎人责骂一顿。做了这样的梦后，这位猎人就要向阿克坚克氏族中最年长者讲述所发生的一切,请求给予帮助。于是,长者召集该村全体成员举行会议,与会者会严肃地讨论这一问题,最后做出决定,通常是让有罪的猎人献出赎罪的供物。一般情况下,判定的赎罪供物是半桶到3桶酒以及一些兽肉、鱼干、小米等。在约定的限期里,挨罚的猎人要把上述物品交到村里,长者用木头做一只小模型船,往船上浇上半瓶酒,放上一些肉、鱼干和小米等供物,然后所有参加赎罪仪式的人和挨罚的猎人都来到阿克坚克氏族的族树下。在所有的人都向氏族树敬过礼后,长者开始致祝辞:"老子,请不要生气!他打死你的孩子是出于无意。下一次他会更谨慎做人。这是他特为你摆的酒宴。请与我们一起喝吧、吃吧,把过去的事忘掉吧。"接着,他们把装有供品的小船挂到树上,然后大家回到村子里,摆开酒宴,把挨罚人的全部供品吃光喝光。酒宴开始时,挨罚的人要跪着把头盅酒敬给长者,长者接过酒后说:"以后再也不要伤害老爷子啦。"宴会时所有的人都畅怀痛饮,只有挨罚的人滴酒不能进口。视供品的多少,宴会可以持续一昼夜或两三个昼夜,有时甚至持续整整一周。

打死虎的赫哲族猎人做梦情节的发生是因恐惧衍生的,而他向虎赎罪的举动,反映的不仅仅是向虎图腾谢罪,而且还包含了向虎氏族的阿克坚克氏族全体成员的谢罪。这种情况表明,阿克坚克氏族的虎图腾崇拜与虎图腾禁忌。赫哲族人不仅自己不猎虎,而且还不猎取被虎咬伤和追捕的野兽。如果赫哲族人发现被自己打死的野兽正是老虎所追赶的猎物,那么猎人就不能拿走猎物。以牛为图腾的苗族,椎牛是其最大的祭祀活动。椎牛祭的主要目的是避祸求福，围绕它形成了一套固定的祭仪、巫辞和巫舞。部落椎牛时，人们不仅自己不动手杀牛，还要一起从后门跑出去，爬到树上躲起来。若家里有老人，也由众人扶着上树。这些都是对图腾杀害的禁忌表现。

有些部落不仅禁止本族成员杀害图腾对象，而且当本族成员在场时，也不准别人伤害他的图腾动物。例如澳大利亚昆士兰的一些部落对自己的图腾动物极为尊重。如果他们在场时，有人杀害这种动物，他们就会愤怒抗议。中国彝族中的绿斑鸠族成员不得猎杀绿斑鸠。传说有一名该族成员不留意射下了一只绿斑鸠，顿时感到恐惧万分，急忙趴在地上叩头，口称“老祖公：得罪，得罪，请饶恕我无知，以后再也不敢了。”说完就赶紧离开现场。

以图腾崇拜为缘起的禁忌，在世界其他地区也一样多见。印度还发生过这么一件事情：有个崇奉短吻鳄为图腾的人，养了一条短吻鳄，认为它与自己有特殊的神秘关系。然而，有一天短吻鳄咬断了他的腿，使他残废了。可他不但不杀它，还向旁人解释说，这是短吻鳄弄错了，把他当作了外人。在非洲的维达地区有个崇奉蛇为图腾的部落，那里专门有供奉蛇的圣所。圣所之蛇由祭司喂养，对蛇稍有伤害，即被视为滔天大罪。有些氏族不仅不准捕杀图腾物，还不准触摸和观看图腾物，不能叫唤图腾物的名字。中国云南的克木人有这样的说法：手摸了本氏族的图腾物，要脱一层皮。曾奉白象为图腾的老挝人和傣族人除氏族最高首脑外，其他成员都被禁止触摸白象的身体。更为奇特的是，澳大利亚的阿龙泰人和罗里柴人中以月亮为图腾的氏族，他们的图腾禁忌是禁止长时间地瞧月亮，认为瞧月亮时间过久，此人必死于敌手。以山羊为图腾的非洲布须曼人认为如果看了山羊，会使人不洁；以麋为图腾的北美奥马哈印第安人认为触摸一下公麋，身上会出现水泡。弗洛伊德把这种观念称为“接触恐惧症”。

在原始人看来，伤害和杀害图腾物就是伤害或杀害自己的亲属、祖先，一旦伤害了图腾，图腾物就会报复本群体成员，特别是图腾观念和图腾神观念产生之后，人们认为图腾具有超自然的能力，祈望它能为人类降福驱邪，因而越发遵守图腾禁忌了。

2. 食物禁忌

图腾时代，食物禁忌是非常严格的。食物禁忌的形式很多，或严格禁食图腾物，或禁止食用图腾物的某一部分。

中国广西以蛇为图腾的侗族，禁捕、禁杀、禁食蛇，谁要是犯了禁忌，就要斟酒、化纸、祭祖、赎罪。族人认为，不这样做的话，禽兽就会发瘟，人会全身脱皮或患病致死。中国的瑶族、壮族等少数民族，古代以狗为图腾的不少，这些民族都有禁食狗肉的习俗。中国壮族学者丘振声在《壮族图腾考》一书中说，壮族中有许多地方的人是不吃狗肉的。广西上林县周家乡的人认为狗是他们的图腾，因而忌吃狗肉。该乡龙利村与州屯的一位老人说：“过去狗死后要埋葬，平时亦不能胡乱打狗。”丘振声还提到广西大新县下雷村、百色县（今广西壮族自治区百色市）两琶乡以及凌云、乐业县的不少壮族人不吃狗肉。他们认为吃狗肉是对祖先的不敬，会招祸到家。还有人认为吃狗肉的人死后灵魂升不了天堂。

直至今日，桂东南还流传着“母狗坟”的故事。说的是在很久很久以前，一个被遗弃的孩子在一座破窑洞里，因饥饿难忍大哭起来。一只母狗经过这里，便给这个孩子喂奶，天天如此。后来这个孩子的母亲逃难回来，看见母狗喂自己的孩子，十分感动，把孩子与母狗一起抱回来。母狗老死后，孩子的母亲为母狗筑了一座坟墓。因孩子姓吕，她便嘱咐吕姓的子孙永远不能吃狗肉。

英国人类学家弗雷泽在《金枝》一书中有这样的记述：“大洋洲威塔岛上的人们认为他们是野猪、蛇、乌龟、狗、鳝鱼的后代，每个人都不能杀食自己的图腾动物，否则被认为会患麻风病。奥里莎的恰沙人认为如果伤害了自己的图腾动物，麻风病就会袭击他们，而且他们会因此而断绝后代。北美以麋鹿为图腾的奥马哈印第安人认为，如果吃了公麋鹿肉，他们的身上就会长脓疮和白斑；以红玉米为图腾的人则认为如吃了红玉米，他们的嘴唇就会溃烂。”同样北美的因纽特人（旧称爱斯基摩人）相当重视自己的图腾禁忌。他们认为违反禁忌戒律就是最大的罪过，随之而来的便是疾病。违反禁忌者要被处死或赶出群体。东非班图族的马尚人中，每个氏族均有一个动物图腾。羚羊氏族的人们视羚羊为本氏族的保护者，不得猎取、捕食羚羊，违者要被敲掉牙齿。在南太平洋的萨摩亚人那里，如果触犯了禁食图腾的规矩，部落长老会召集群众，在公共炉坑上点上火，把触犯者当作食物按在火上烤，直到他求饶才放他出来。

在图腾禁忌中，有些图腾群体不仅禁食图腾物，而且还禁食图腾要吃之物。如在非洲利比里亚的克佩勒部落中，有以豹、象、羚羊、野猪、黑猩猩、龟、水蛇、狗等为图腾的，人们不仅严禁食用图腾，而且不能杀食图腾要吃的那些动物。

在极端困难的情况下，有些图腾部落也会准许本族成员食用图腾物。也有的部落是在图腾被其他群体的成员杀死的情况下，允许本族成员食用图腾物。这是图腾禁忌松弛的表现。可以认为，图腾禁忌最初是极为严格的。随着原始人对动植物和自然现象认识的提高，人们对动物的畏惧逐渐淡化，加上人口增多，食物不足等原因，使得食物禁忌逐渐松弛。食物禁忌松弛的现象在许多原始先民中都存在过，如有的氏族食物禁忌所禁的仅仅是图腾动物的某些部分。中国藏族中的有些群体，曾以牦牛为图腾。但后来不再遵守图腾禁忌了，不过他们在杀食牦牛时，不吃牛头，而是把它供在屋顶上。广西凌云县的壮族开始时禁食狗肉和牛肉，后来逐渐开忌，但须在屋外吃。据说在屋内吃狗肉或牛肉，祖宗不喜欢，食者死后也不能进天堂。

图腾禁忌演变的另一种表现是禁忌范围缩小与高度抽象，它表现为由禁食图腾物的所有个体演变为只对一只(头)图腾物实行禁忌。《新唐书·吐蕃传》中记载，藏族祖先的一支是古代羌人的后裔，他们曾以牦牛为图腾。但在他们的牦牛图腾信仰中，似乎并不强调禁杀或禁食，也无过多的与牦牛有关的禁忌。如果说有，则是他们采取了一种恰当的方式。他们从众多的牦牛中选出一些牦牛“代表”作为“神牦牛”，把它们放生山中，禁止人们捕杀，以此表示对图腾物的禁忌。他们也专门饲养一头“神牦牛”，让它自然老死。可见他们把禁捕、禁杀图腾物的禁忌加以抽象化了，说明牦牛对于一个高原民族而言,禁杀、禁食不仅不现实,而且也不可能。图腾禁忌范围缩小和高度抽象的另一面则表现为禁忌只对个别人有效,如只有氏族、部落的巫师或妇女禁食图腾物,而普通成员不必遵守这一禁忌,这样就把图腾禁忌集中在个别人或部分人身上了。

3. 言语禁忌

言语禁忌即指讳言。在图腾时代表现为禁止直接称呼图腾名称,这是崇敬图腾的一种表现。图腾语言禁忌有三种类型:(1)在特殊场合保持肃静;(2)禁止直呼图腾名称,改用亲属称谓称呼;(3)禁止使用图腾名称,改用其他名称称呼图腾物。在原始人的思维中,言语是人与人或人与物建立关系的一种方法与手段。人通过呼吸能与外界建立起一种联系,呼出的气息就是我们自身向外界传播的某种信息。因此,图腾群体的成员不得与"圣物"说话,即禁止他们在有图腾物的场合(即"圣地")说话。澳大利亚的阿龙泰人在重大礼仪中,有时会要求人们保持肃静,特别是"丘林茄"被摆出来后,就要保持静默。

在图腾文化早期,人们把图腾当作自己的血缘亲属,用亲属称谓称呼。如前所述,不少氏族或部落以兄弟、姐妹、父母、祖父母等称谓来称呼图腾物。这种习俗在近代一些民族中仍有遗存。如非洲的特维人各族都把自己的图腾称作"爷爷"。中非的班蒂人各族分别以豹、黑猩猩、蛇、羚羊和蚂蚁等动物为图腾,也都称它们为"祖父"或"父亲"。中国近现代的一些民族中也残存了一些以亲属称呼动物的现象,如鄂伦春人称公熊为"雅亚"(祖父),称母熊为"太贴"

(祖母)。

后来,人们逐渐认识到人与动、植物有本质的不同,不再以亲属称谓来称呼它们了。但他们仍忌讳直呼图腾的真实名字,而用其他名称来称呼它们。在原始人看来,人名是实体化的,是人本身不可分割的一个组成部分,如果让他人随便叫唤,就会使人害病,甚至死亡。所以比较普遍的一种禁忌就是禁止他人叫唤其真名。他们也把这种意识移植到图腾身上,以为图腾名也像人名一样,应当禁止叫唤,否则,图腾就会不高兴。因而原始人对奉为图腾的动植物总是讳名,而采用代名来称呼它们。如印第安人特拉华部落的三个氏族:狼氏族、龟氏族和火鸡氏族,为避免说出图腾的真实名称,分别以"图掌""爬行""不嚼"代称各自的图腾。奥特瓦部落的熊氏族把熊称为"大掌"。摩尔根说印第安人的维安多部落有狼、熊、海狸、龟、鹿、蛇、豪猪、鹰等 8 个部落,但他们都不直接使用图腾的真实名称,而分别称为"啮骨者"(狼)、"树栖者"(熊)、"懦兽"(海狸)、"沃土"(龟)、"漫游"(鹿)、"爬行"(蛇)、"高树"(豪猪)、"飞翔"(鹰)等。中国那些奉狗为图腾的民族,也忌讳直呼"狗"或作为图腾名称的"盘瓠",而改称"龙期"。美洲有些奉狼为图腾的部落,把狼称为"长面""长尾巴""野外"等。

黔东南的一些苗族地区,今仍可找到一些与猪图腾有关的习俗,有一典型习俗就是吃猪牯脏。所谓吃猪牯脏就是杀猪祭祖,这一仪式在湘西称为"吃猪"。吃猪的时候,有一些特定的禁忌语:杀猪叫作拜官或者考状元;盖稻草叫作给官人盖被子;刀子叫作长叶子;吃肉叫作楼;吃饱了叫满仓或满库了；点火叫作太阳升起了；血叫作浮萍，盐叫作灰；肥肉叫作棉花。这些语言禁忌有的虽然含有明显的后期文化因素，但它们同样说明了吃猪牯脏仪式中是有禁忌的，只不过这些禁忌用语随文明的发展而改变了。

禁捕、禁杀、禁食、禁触摸，甚至严禁直接呼唤图腾真实名字等禁忌，说明原始人相信图腾具有保护或惩罚图腾群体成员的功能。违反禁忌，不仅是极为严重的亵渎行为，会给个人带来祸害，而且还会给整个群体带来灾难。因此图腾群体的成员必然会把禁忌当作一项人人都必须遵循的神圣规则。图腾禁忌是由一种力量在起作用，法国学者杜尔干认为：这种力量类似于各种宗教中人们认为能抵御亵渎圣物的力量。

族外婚制也是图腾禁忌的另一种形式。在典型的图腾社会中，禁止同一图腾的氏族成员间发生性关系，实行氏族外婚是人人都必须遵守的规则。如果违禁，便要受到严厉的制裁。

二、图腾禁忌与法

图腾禁忌到底是何时产生的？它又是如何产生的？世界上不少著名的学者都对此作过论述。有人认为图腾禁忌是与图腾同时产生的，也有人认为原始人在有了祖先观念之后，才把某一动植物作为图腾，视为祖先，这时才会出现图腾禁忌。我们赞同图腾与它的禁忌同时产生的观点。

当原始先民对外界超自然力的恐惧无法解脱，对日月星辰的变化无法理解，特别是各种困惑缠绕他们又无法解决时,在生存本能的驱使和万物有灵观念的支配下,为了避免灾难、保护自己,便对超自然神秘的力量产生笃信和敬畏,于是祈求通过自我的约束控制,将神秘力量转化为对自己有利的力量,从而避免可能遭到的厄运和惩罚,这样就形成了最早的禁忌。禁忌一方面表现为原始先民对不可触犯的万物有灵的乞求、恐惧和由此产生的敬畏;另一方面是人类希望通过不断调整自身与自然的关系来改善自身的生存条件,这是一种积极的生存态度。一位名叫阿瓦的因纽特人曾对禁忌的由来说过这样的一番话:我们怕天地之间的一切精灵,所以天长日久,我们的祖先才定下这么多的规矩,这是从世世代代的经验中得到的。我们不知道,也猜不出原因在哪里。我们遵守这些规矩,是为了平安过日子。凡是不知道的东西我们都怕,身边见到的东西我们怕,传说和故事里讲的东西也怕。我们只好按照老规矩办,只好遵守我们的禁忌(刘稚、秦榕:《宗教与民俗》,云南人民出版社2000年版,第93页)。

在各类禁忌中,无论是由自然崇拜、祖先崇拜还是图腾崇拜产生的禁忌,几乎都有一种共同的功能与特点,即对人的本能行为进行限制,以预防潜在的危险,保障先民的生存。图腾禁忌是人类最早的行为规范,在以下两个方面起着重大的作用:

(一) 图腾禁忌具有法的警示和处罚作用

图腾禁忌五花八门,但一个共同点就是以图腾群体公共强制的办法,保证人人必须无条件地遵守其图腾禁忌。如果有人违反了禁忌,就会被认为是罪孽而要遭受到各种处罚，这种处罚往往是非常严厉的，甚至要付出生命的代价。苗族在图腾禁忌方面规定有 8 条：1.祭祖祀灶时，应参加者都须参加，应做之事都须做，不应做事则不能做；2.鼓石窟和鼓头家供奉的祖像、木鼓、芦笋、牛角等不准乱动；3.鼓社的鼓醒鼓之前不得乱动；4.祖像到村寨，各家须认真接待，不得怠慢与亵渎；5.藏木鼓的山上，一草一木都不得攀摘或砍伐；6.从播种到吃新谷期间，禁止吹芦笙、敲鼓和斗牛；7.寨中敬奉的古树和风景树，要以神相待，不准亵渎或砍伐；8.过鼓社节后至蒙鼓的 3 年间，男女不得婚嫁。这 8 条规范相当具体，任何人不得逾越。

美国人类学家霍贝尔在其著作《原始人的法》一书中举了这样一个例子：一个拉布拉多女孩在隆冬季节被赶出了氏族，仅仅是因为她坚持同时吃驯鹿肉和海豹肉。因为因纽特人认为：陆上和海里的动物，其情感两厢隔离，必须将它们分开吃，这是他们的基本禁忌。这个女孩的行为不仅违反了禁忌，而且危及了整个群体的安全。人们认为气愤的动物们将会远离此地，猎人们会一无所获，饥荒会威胁整个群体。

在南非有个野兔部落，倘若有人误食了野兔肉，无论他是一般的部民，还是酋长，都要按照禁规敲掉他的若干颗门牙。

我国的纳西族，如猎人打死了老虎，要受到鞭打、罚款或关进水牢。

从上述例子中我们发现：一旦个人的行为违反了图腾禁忌，那就是作孽，对他的制裁来自超自然。但个人的违禁往往被看作是对群体的犯罪。拉布拉多女孩吃了两种来自不同领域的食物，其行为所带来的恶果被这个原始群体看作是危及整个群体的大事。因此，作孽者在受到超自然神力的惩罚的同时，还必须受到群体对她的处罚，即被赶出氏族。这时的图腾禁忌，调整的不仅仅是人与自然的关系，而且还调整着同一图腾群体内部人与人的利益关系。这种通过禁止个人侵犯图腾以保护氏族群体安全的做法，带有非常强大的强制性和规范性。图腾禁忌支配着人们的日常生活，通过这种禁忌的强制实施，即警示与惩罚，有利于氏族部落建立并延续稳固的社会关系与社会秩序。这是图腾禁忌的一大明显作用。

（二）图腾禁忌具有社会协调与整合的作用

图腾禁忌在社会控制形式方面，属于一种较为低级的控制形式，它是一种约束面相当广泛的社会行为规范。从衣食住行、生老病死，到渔猎劳作、食物分配、图腾祭祀、战争与迁徙，等等，人们生活的各个方面都受到图腾禁忌的严格控制。这时的图腾禁忌实际是一种以神圣观念出现的强大的社会力量，它起着规范、控制人们的言行、协调社会运行，整合社会各方力量的作用。

性禁忌的发生最早是与狩猎联系在一起的，其内容是在准备狩猎和进行狩猎期间，绝对禁止发生两性关系。这种性禁忌的直接结果为形成清一色的男子狩猎队，本来为数不多的成年女子被完全排除在狩猎队伍之外，而妇女、儿童和老人都去从事采集等其他活动，这样容易保证性禁忌的执行。于是人类历史上男女两性出现了分工。狩猎生产上的性禁忌还延伸到捕鱼等其他活动。

原始时期,同一图腾者不能通婚,这是氏族构成的基础,所以被看得非常重要。在北美的图腾部落中,如犯了混血的事,即同母系男女的私合,则必加以严峻的刑罚,甚至处以死刑。阿拉斯加的特林吉特人,只有不同图腾的人才能通婚,子女通常均属其母的图腾。在澳大利亚的图腾部落,如与一个受禁的族人通奸,其处罚是处死,就是偶然的调情也是不允许的。乱伦禁忌和图腾外婚制保证了人类社会的秩序和稳固。图腾外婚制以图腾禁忌的形式盛行于氏族社会,标志着人本身生产的社会结构开始形成,这是极其重要的。因此,弗洛伊德在谈到图腾外婚时说,几乎无论在哪里,只要有图腾的地方,便存在这样一条规定:同图腾的各成员相互间不可以有性关系;亦即,他们不可以通婚。这就是与图腾息息相关的族外通婚现象。性禁忌是约束两性关系的第一个禁令,是人类认识人与人之间的社会关系的最早成果。

在前面谈到的食物禁忌中,还有一大内容是食物的分配,分配关系的产生说明氏族内部的分配已经按人类的行为规范进行了。苏联学者谢苗诺夫在其著作《婚姻和家庭的起源》一书中描写说:在食物丰富的情况下,每个成员的份额仅仅取决于他的需要。在食物缺乏的情况下,群的每个成员的份额之比例取决于他们现实的食品需要量的比例,用“瓜分”这个术语来描述这类关系并不相宜,至多可以说是酌量取用。群里没有一个成员是从别人那里获取自己的一份,他只不过就是拿到当即吃掉的那一份。这种分配关系借以实现的公共意志，即分配关系的权力意志的形成，是食物禁忌所延伸的分配关系。可以想象，如果没有食物禁忌，酌量取用的分配关系是不可能贯彻执行的。

图腾禁忌是原始社会唯一的社会约束力，如果没有禁忌制度严酷的限制与制裁，如果没有以图腾禁忌为表现形式的社会控制，氏族的社会秩序是无法建立的，社会文明与进步更是难以想象的。图腾禁忌是人类以后社会家庭、道德、文字、宗教、政治、法律等所有带有规范性质的禁制的总源头。

三、光怪陆离的祭俗

在原始时代，祭祀与战争是人们的两项重要活动。祭祀仪式作为人神之间的主要沟通手段，曾经发挥着极为重要的社会文化职能。在图腾崇拜时期，图腾祭祀的内容很多，如婴儿诞生，要祭祀图腾；成年礼仪时，要祭祀图腾；结婚时，要祭祀图腾，人死后被认为是回到祖先的怀抱，也要祭祀图腾；播种、收获、狩猎、建房，也要祭祀图腾。在人生旅途中，遇到各种各样的事，人们都要举行祭祀。在祭祀中，人们的感情是十分真诚而执着的，无论是敬畏、祈求，或是赞美，都是全身心地投入，希冀与崇拜的对象接近，感应、沟通、达到物我合一的境界，有时甚至会出现疯狂的状态。

原始时代，图腾群体的祭祀大致可分为两大类：定期的和不定期的。几乎所有的图腾群体都有定期祭祀所奉图腾的习俗。这类祭祀活动在各个图腾部落是各不相同的。中国云南澂江县（今澄江县）的彝族每年农历三月三，全族12岁以上的男子，都要在长老的率领下，对所崇奉的松树图腾进行大祭。

壮族中以蛇为图腾的民众，每年三月三要举行对蛇图腾的祭祀，至今左江一带还有“三月三，龙拜山”的说法。有这样一个传说：古时有一个叫桑卡寨的村子，住着一位叫黎体实的壮族老汉，靠挖山打猎为生。他含辛茹苦养育着一条白花蛇。后来，白花蛇长大了，蜕了一层皮，变成为一条大青龙，便离开了老汉。老汉病故时，大青龙飞回来吊丧，直到老汉的灵柩埋葬后，才腾空而去。以后每年三月三，大青龙都飞回来给老汉扫墓，乡亲们也来陪伴。“三月三，龙拜山”的传说，就这样一代代相传下来。

还有一个相关的故事说，有位孤寡的老妪养了一条短尾五花蛇作伴。她去世的那天，五花蛇刮起一阵狂风把老人遗体送到山岩中安葬。此后五花蛇每年三月三都会来扫墓，来时必定天昏地暗，狂风大作。

布朗人也有三月三祭山的活动。人们上山举行祭祀狂欢，祭祀山中神祇鬼怪，自然也包括蛇神在内，实际上也是图腾祭祀活动。

三月三是古老的蛇图腾祭祀日，将农历三月三日作为蛇图腾的祭祀日，来源是相当久远的。这个祭祀日最初叫作“龙蛇节”“安龙节”“腾龙节”。这里需要指出的是蛇和龙的异同。其实，在古人的心目中，蛇和龙是不分的。清人屈大均在《广东新语》中说：“西粤土司，凡蚺蛇三十丈者皆称龙。”可见，人们把大者称为龙，小者称为蛇，也可能是畏惧或崇敬时说它是龙，平时就称为蛇。

广西柳城县编制的《柳城民间故事集》中收集了这样一

个故事:有个老汉从地头的水坑里捡回一条小蛇,把它当作儿子看待,排在他两个儿子之后,称为老三,每天喂养,蛇长大后,无意中吃了老汉的一个孙女,老汉一生气,把它的尾巴砍掉了,并把它赶走。过了很久,老汉去世时,蛇回来送葬造坟。后来每年清明节,它都回来扫墓,当乌云满天狂风大雨时,人们就会说,短尾龙回来了。从这个故事中,我们看到,蛇小的时候被称为蛇,长大后便成了龙。

那么为什么要选择农历三月三日为蛇图腾祭祀日呢?从季节上看,三月三是一年中最好的季节,这是一个万物勃发的时候,蛇从冬眠中苏醒了,纷纷爬出洞穴,捕捉小动物,与异性交配繁殖后代。原始人类也一样,走出洞穴,捕捞食物,寻找异性配偶。这个时期聚集在一起是最自然不过了。因此这时的祭祀活动除了驱邪禳灾之外,还有生殖崇拜、繁殖礼仪的含义。

这种情况在澳大利亚也存在。阿龙泰人在每年雨季开始、动植物繁殖之际,都要举行一次叫作"阴特丘摩"的图腾繁殖祭祀活动。人们把图腾物画在岩洞或岩石上,然后歌颂动物产卵、植物出芽,或用人血洒岩石,给予图腾以生命活力,或模仿图腾的叫声,表示图腾动物的降生;或模拟图腾动作舞蹈,表示动植物的生长。最后,他们会吃一点图腾动物的肉,这是暂时解放杀食图腾的禁忌,以强化与图腾的同一性。

早期的祭祀,往往是用人作祭品。中国汉族古籍中所记载的"河伯娶妇"之类的故事,便是人祭水神的缩影。壮族先民中也有过人祭的仪式。广西左江地区流传过这样一个故事:左江上有一条恶龙,长有5个龙头,十分凶恶。它的第一个龙头专管风雨,能一口气吹5天5夜大风;第二个龙头专管水,能一口气把左江水喝光;第三个龙头专管火,它一喷火,万里之内的高山要烧成灰烬;第四个龙头专管虫,它一张嘴,毒虫满天飞来,把人、兽咬死;第五个龙头才是它真正的头,最为厉害。这条恶龙几乎概括了大自然所有的灾难,每年九月初九,它都要住在左江边上的人们选送姑娘,送到滩头让它享用,否则它就要兴风作浪。后来壮族好汉张大海与他的儿子,在白鹤仙人的帮助下,在江边造了一座塔,镇住了这条恶龙。这个故事实际上反映了两种情况:一是存在人祭的痕迹;二是人最终制服了恶龙,反映了图腾意识的淡化。

过去在巴人、土家族人中也有过人祭白虎图腾的习俗。据明朝陈继儒在《虎荟》中记载:“房陵间有白虎神,好饮人血,每岁其民杀人祭之。”中国社会学家潘光旦考证认为,最迟到南宋,在房县一带及其他地区巴人或土家族人中还有以人祭白虎的习俗。直到近代,鄂西土家族还有人祭。中华人民共和国成立前,咸丰县龙坪的田姓还为白虎神举行过人祭,后才改用牲祭。

对日月风云、花草树木等非动物图腾的祭祀,先民是根据神话传说来确定的。美洲阿兹特克人的神话传说中,太阳神每天黎明时要和黑暗神大战一场,消耗了大量的精力,要以新鲜血液补充养分。所以在每次征战前后和一些重大事情时,都要杀戮大批战俘来祭祀太阳神。

随着社会的发展,人祭渐渐被牲祭取代。原始时期人

阿兹特克人向太阳神献祭

们除了定期的图腾祭祀，还有不定期的祭祀活动，如氏族迁徙、新建村寨、出猎、械斗、遇到天灾人祸，等等，都要举行图腾祭祀活动。广西龙州县一带，每遇天旱，壮民都要举行“祭龙”仪式。仪式由师公巫婆念经、烧纸钱后，用一大片树叶盛上清水，拿到山坡上挂在一根立竿上。由师公用细小尖棍把盛水的树叶戳穿，使清水淋下，象征下雨。还有的壮民在天旱时，举行集体拜龙王庙的仪式。他们杀狗杀猫取其血，涂在活鲤鱼身上。然后丢入深潭，让鲤鱼当作信使，向龙王报信。这些祭祀水神的活动，反映了人们对水的渴求、表现出对水图腾、龙图腾的虔诚心理。

在图腾祭祀中，最重要的活动是祭祀图腾祖先，这是人类最早的祭祖活动。在氏族社会中，人们认为自己的祖先是某种动物或某种植物。因而他们祈求图腾祖先保佑子孙无灾无难，人畜平安。后来随着社会的发展，人们逐渐认识到自己的祖先不是某种动、植物，而是实实在在的人，于是图腾祖先崇拜才过渡到了人祖先崇拜。祭祀图腾祖先的仪式在中国许多民族中至今还有残存。这种仪式较为典型的是畲族、瑶族、彝族、壮族等民族。畲族与瑶族以盘瓠（犬）为图腾。自古流传着祭祀盘瓠祖先的仪式。据史书记载，瑶族祖先是用米饭掺杂鱼肉，敲打狗槽，模仿狗吠来祭祖盘瓠祖先的。据说过去广东惠阳县（今广东惠州市惠阳区）一带的瑶族民众，每年农历五月初五那天，不许外人入乡。这一天他们在公共祠堂中挂起始祖的画像——犬首人身像，全体村民均以手抵地，做出种种兽状行为。据 20 世纪 30 年代的调查，广西瑶族也保留着这样的习俗。每年正月初一，家里的男女老少要背狗环绕炉灶走三圈，然后全家男女向狗膜拜。当天就餐时，还必须敲打狗槽，然后大家蹲在地上吃饭。他们认为只有这样，这一年家运才会兴旺。浙江温州一带的畲民，也相当重视除夕祭祀图腾祖先。除夕要关闭门户，挂起狗头人身的先祖画像，全家磕头礼拜。

中国云南的一些少数民族，如摩梭人、白族、普米族、哈尼族等，以虎为图腾，有祭祀虎祖先的仪式。彝族人自称“罗罗”或“罗”，他们确信，人死后将变为虎，因此亲人死后要用虎皮裹尸。清乾隆《云南通志》中有记载：“罗罗，贵者裹以皋比(虎皮)。”自称“罗罗”的彝族人每天都供奉着一幅祖先画像，称为“涅罗像”，意为“祖先”。他们在举行祭祖大典时，大门上要挂虎头瓢(在葫芦瓢的凸面绘虎头)为记，意思是“祭祀虎祖先”。祭祀时还有一个重要的祭仪，即巫师身披虎皮，模仿虎的形状、声音、动作，跳虎图腾舞，以此取悦虎祖先。直到20世纪60年代，四川凉山的彝族还保留着一个世代相传、象征祖先的完整的虎头颅骨。每到虎年的第一个虎日，便要对这个虎头颅骨举行祭祀，以示不忘其祖先。

以竹鼠为图腾的布朗人，认为竹鼠代表祖先的灵魂，不能伤害它们。但他们认为从土洞里挖出来的竹鼠，不仅可以食用，而且认为这是必须之举，因为这样做的目的是要把竹鼠的优良特点传承到布朗人身上。但挖食竹鼠必须举行祭祀仪式，这种仪式很是特别。即布朗人抓到竹鼠后，随即把它拴在一根竹竿上，戴上鲜花，由两名男子抬起。后面一男子手持破竹竿不断地摇动，发出啪啪的声响。绕村寨一周后，又把竹鼠抬到村寨头人“达曼”的家中，将竹鼠的头砍下来送给“达曼”，其余切碎分给各户。各户接到竹鼠肉后，照例朝火塘上的三脚架上拜 3 次，意思是竹鼠给大家带来兴旺，村寨将人畜兴旺，谷物丰产。

中国的壮族中崇拜雷图腾和蛙图腾的人们，他们认为雷和蛙是母女关系，她们之间的通话，是用叫声。青蛙一叫，雷婆就下雨。天旱时，青蛙不叫了，人们怎么办呢？那便是求雨。他们把青蛙铸到铜鼓上去，把铜鼓一敲，就像蛙鸣，这时雷婆听到了便下雨，蛙与铜鼓就这样结缘了。至今云南傣族仍称铜鼓为“蛤蟆鼓”，佤族叫铜鼓为“蛙鼓”。

壮族先民崇拜蛙与雷图腾，在左江流域与其支流明江两岸的悬崖峭壁上，目前已发现了 79 个地点 178 处崖面壁画。这些崖面壁画分布在今广西龙州、宁明、崇左、扶绥等县。这些壁画中可辨认的画像有 4 500 多人。学者们研究认为，这些壁画描绘的大多是壮族先民对雷图腾的祭祀仪式。壁画上人物和造型全都是蛙的姿态，即双手屈肘叉开上举，双脚撑开平蹲，呈𡿨状，无论是正面像还是侧面像，无一例外。这样的造型人像用意很明显，是在向雷神祈祷、呼唤、欢呼。古代壮民素有万家同乐祭雷神的说法。祭雷婆的场面十分隆重，年年不断，每逢 3 年一大祭，作为供品的牲畜多达百种。这是全民性的大祭，无论男女老少全都参加。人们认为不参祭者，就有遭灾遇难的危险。

远古时期，生产力极其低下，种种自然灾害给人类的生产与生活造成很大威胁，使人类产生出种种畏惧心理，只好求助于冥冥之中的神灵。在重大生产活动中，图腾群体都要举行相应的祭祀。如中国的阿佤人、阿怒人、克木人和布朗人，每每在大狩猎前，先要奉礼图腾，祈求大获。南非布须曼人中的胡狼部落，在狩猎前要先跳一场胡狼舞，祈求神助。大洋洲岛屿上的一些土著，在渔汛到来时，也要举行图腾大祭，祈望图腾使他们捕捞满载而归。

中国云南少数民族社会，古时多以农业生产为主。从选种到农作物装进谷仓，整个生产的全过程均离不开祭祀。在先民眼里，图腾神执掌着生产丰歉的大权，所以要对它奉承恭维，不能让它生气。过去广西上思地区奉鸡为图腾的布壮人遇到虫灾时，全村老少就会集合起来，杀猪宰羊并携鸡，敲着铜鼓到田头祭祀鸡神。然后族中长老将鸡杀死，把鸡血染在一条条布条上。每户各拿一条，插在田间。他们认为鸡图腾一显威，就能消灾免难，确保庄稼丰收。

四、费解的图腾餐

图腾中的“圣餐”，又叫“图腾餐”“图腾圣餐”“图腾大宴”，就是把图腾动物作为牺牲。一般情况下，图腾物是先民们禁杀禁食的。但在举行图腾圣餐时，图腾动物不仅不禁杀、不禁食，而且人人必须吃食图腾肉。弗洛伊德在《图腾与禁忌》一书中记叙了沙漠中的阿拉伯部落的图腾餐。他写道：献给图腾的骆驼被缚在用石头堆成的祭坛上，当首领三度率领族人围绕祭坛高唱赞美歌后，他划出了第一刀……然后，他急促地将所流出的骆驼血喝光。接着，族人纷纷拔出刀剑割取祭肉。献祭仪式在晨星升起之际开始，一直持续到阳光消失它的光芒为止。在此短短的时间里，整头骆驼的身体、骨头、皮、血和内脏都被分食殆尽。弗雷泽在《金枝》一书中也记叙了这样几条材料。

材料一：关于阿伊努人[主要分布在千岛群岛（今属俄罗斯）、萨哈林岛（原属中国，称库页岛）南部和北海道等地。日本人曾将其称为虾夷人，14 世纪后改称其为阿伊努人]的熊节。阿伊努人得到小熊就带回家喂养。熊长大后，用鱼、鸟喂它，到冬天为了取出肝脏把它杀掉。他们认为熊肝能消毒、去虫、止痛、治胃病。杀熊的日子于日本的一月份开始。阿伊努人杀熊是把熊头夹在两根长棍子中间，由 50 或 60 人一起来夹，男女都有。杀死熊后，他们吃熊肉，肝存起来作药料，皮就卖掉。皮一剥完，养熊的人就开始哭它，然后他们做一些小饼款待那些帮助他们的人。

材料二：萨哈林岛的阿伊努人用同样的仪式养熊杀熊。他们先在笼里养熊两年左右，然后杀掉，杀熊的日子是在冬天的某个晚上。杀熊的头一天举行哀悼，年老的妇女在放熊的笼子面前哀哭。然后在午夜时分，或在大清早，由一个人对熊说很多的话，提醒它，他们是如何看护他，他接着说："现在我们要为你举行一个大宴会，你不要怕，我们只是把你杀掉，送你到爱你的森林之神那里。我们奉献给你一顿好饭，将是你在我们这里吃得最好的一顿饭，我们大家都一起来哭你。为你，我们算是尽了责任，现在轮到你为我们作出牺牲了。你请神冬天给我们多送些水獭和黑貂，夏天多给些海豹和鱼。别把我们托你的事给忘了。"熊吃完它最后一顿饭，年老的妇女又哭起来，男子吞声哭唤。这时，人们克服危险把熊捆起来，放出笼后用绳子牵或拖，绕笼子走三圈。然后绕主人的房子走三圈,最后绕演说者的房子走三圈,最后被绑在一棵树上。演说者对熊再一次作一番很长的讲话,有时说到天都快亮了。他喊道:"记住啊,记住啊,你要记住你的一生啊,要记住我们为你尽的心意呀。现在是你尽你的责任的时候了。别忘了我托付你的事。你告诉神多给我们财富,好让我们的猎人满载稀有的兽皮和好吃的动物从森林中回来,让我们的渔夫在海岸上和海里找到成群的海豹,让他们的网被捕获的鱼压得断裂。"终于最初升起的阳光照到了这幅景象上,一个弓箭手一箭射穿它的心口。他一射出箭,就立即扔了弓,倒在地上。年老的男子、妇女也都倒下去,哭泣着,呜咽着。然后他们给死熊献米和野土豆等祭品,先说一番可怜它的话,感谢它所忍受的痛苦。然后砍去它的头和脚爪,作为圣物保存起来。接着用熊血、熊肉设宴,妇女从前是不参加宴会的,现在也和男人共席了,所有在场的人趁势把血喝掉。照规矩熊肉只能煮熟,不能烤。宴会完毕,人们就把熊头拿到树林的深处,放在一堆熊的头盖骨上。那些头骨都是过去这种祭祀剩下的,已经腐烂发白了。

从上述材料中,可以看见图腾餐仪式中的几种情况:1.在祭祀的仪式前对"圣物"进行喂养,这种喂养可能是讨好性的。这种情况表明原始人的生活方式是定居的,当然对动物饲养的过程也是驯化的过程;2.圣物巡游,即将被杀祭的牺牲带到各处巡游,希望人与祭物接触带来好运;3.与圣物(杀祭物)的礼辞交流,主要是对圣物的礼赞、乞求原谅和对圣物之死的悲悼等;4.把圣物作为人与神之间的使者,担心圣物死后不能记住并转达人们向神的祈福要求，担心它忘掉了人们在饲养它时给予的深情厚谊。

五、分食圣物

弗洛伊德描述的阿伊努人杀食熊图腾的情况，在其他图腾群体中也存在。我国苗族的吃猪仪式，也具有几个相似的特点：祭祀所用的猪一定要先养一段时间；由外姓人代替杀猪，并视为忌肉，要回避；不用刀杀，用木棍槌死；主人要邀同族人同吃，而不是自家人自己吃；猪肉要一顿吃完，若有剩余要与骨头一起埋掉。部分以狗为图腾的苗族人，在祭杀狗图腾时，其方式与杀猪相似，这可能是害怕图腾的血洒到自己身上的缘故。

分食圣物是图腾祭祀中的一个相当重要的情节，人们为何要分食“圣物”？这种活动与图腾禁忌是不是十分矛盾？原始先民既然尊奉图腾物为神，为何又要杀祭图腾？对此弗洛伊德认为：祭物是神圣的，同时亦属于相同血族。他们（原始人）相信借着图腾动物，才能加强他们与图腾神的相似性。在原始人的思维中，吃食图腾是为了承继图腾的特殊技能、灵性、智慧。所以，印度的某些土著有这样的禁忌：孕妇不能吃食猴肉和猩猩肉。相反的情况是吃食长者、智者。这种情况古希腊历史学家希罗多德已经注意到了。他在其所著的《历史》一书中就说，在西亚的玛撒该亚部落，如果有年龄非常大的人的话，他的族人便全体集合，到他那里把他杀死，然后炖他的肉体大张饮宴。不过，随着社会经济的发展，不少原始部落逐渐抛弃了食人习俗，不再杀戮老年人。老年人在生产、打仗与制造工具、武器上的宝贵经验得到了重视，受到了氏族社会的尊崇，氏族的老年会议也应运而生。

此外，吃食图腾还为了加强人与神之间的联系，通过这种特殊的宗教盛宴，完成人与神的沟通。当然这样的图腾圣餐的举行有严格的限定，如一年一次，三年甚至十几年一次，后来慢慢演变到随时可以杀食。

原始时代，几乎每个民族、部落都有图腾祭祀。祭祀期间，不仅形成了各种各样的仪式、习俗，还伴随有热闹的娱乐和饮食活动，形成图腾祭祀节日。待宗教气氛淡化之后，这些节日就变成了民俗节日。

第四章　图腾名称趣谈

一、图腾名称——最早的社会组织的名称

人类最早的社会组织形式是什么呢？回答是图腾群体。作为一个较为完善的社会组织，它必定有一个名称，最早的社会组织的名称是图腾名称。所谓图腾名称，就是原始时代的氏族、胞族、部落等社会组织崇奉某一动物、植物或自然现象等为图腾，并以其名称作为群体的名称。例如，美洲印第安人易洛魁人中的38个氏族名称分别是熊、狼、海狸、龟、鹿、鹬、苍鹭、鹰、苍狼、黄狼等，这些名称便是他们以其图腾命名的群体名称。

图腾名称是由图腾观念衍生的，具有原始时代人们区分群体的功能。在人类最初的时期，即旧石器时代的早期，人类群体分布零散，群体与群体之间相距遥远，各群体单独行动，相互之间的联系甚少，没有区分群体的需要与必要。因此人类群体不需要名称。到了旧石器时代的中、晚期，由于生产力的发展，人类逐渐转入相对定居的生活，人口的增加，人类群体也相应地增多，原先各自孤立的群体有了一定的联系，这就需要有特定的名称来区分和识别群体。而此时的人类已产生了图腾亲属观念，人类群体把图腾——某

种动物、植物、非生物或自然现象视为父母、祖父母或兄弟姐妹等血缘亲属，用相应的亲属称谓去称呼他们，以获得保护。例如以狼为图腾的氏族，便把所有的狼看作是自己的亲属，以“狼”作为群体名称。人类群体以图腾名称来命名自己的群体，是一种认亲形式，即认动物或植物为父母和兄弟，通过这种形式，自己便与所崇奉的图腾之间建立起某种超自然的亲缘关系。从名称上确定群体与图腾的关系，其目的是寻求图腾物的保护。这种情况现在看来是一种多么荒谬离奇的举动，但在原始时代却是合乎情理的。这是因为原始时代，人类群体是一个共同生产、共同消费的原始共同体，群体内的社会关系主要是血缘亲属关系，每个成员都负有血缘亲属的义务和责任。在这种社会中，人类群体的亲属制度以老、中、幼三个等级来划分。年长的为父母，年轻的为兄弟姐妹，年幼的是儿女。被称为父母的年长者，负有抚养子女、保护他们安全的职责。

此外，在原始时代氏族群体内的亲属关系不受血缘关系的限制，在当时不管是哪个部落、哪个群体的人，只要双方愿意，就可以结成亲属关系，列入与群体内成员相应的亲属范畴。图腾的认亲形式正是在这种原始亲属制的基础上形成的。原始人用某种亲属称谓来称呼图腾动物的所有个体。如非洲的贝专纳人称所有鳄鱼为“父亲”。澳大利亚南部各图腾部落，一概承认图腾动物为自己的亲属。有人杀害它，土人必问道：“你为什么杀死一个人?”或“何故杀死我们的父亲或兄弟?”

原始人认为要使所认的动植物图腾亲属真正履行义务

和职责，就必须用亲属称谓称呼它们，称所认动物为父母或兄弟，它们就会履行父母或兄弟的责任，还必须以其名称作为群体名称，以表示本群体所有成员与图腾动物同属一个族类，这样做的目的是要从群体名称上确定群体与图腾的亲属关系。这种原始的图腾信仰，在近现代一些民族中仍有遗风，如中国云南白族中的虎氏族传说称，若进山遇虎，虎不会伤害他们。怒族虎氏族中至今还流传着“虎不食虎族人”的俗语。

原始社会时期，图腾名称还具有区分人类群体的功能。因为，随着人类社会的发展，人口的增多，人们的活动范围也愈来愈广，各个群体之间的交往、联系越加频繁，识别和区分人类群体变得越来越重要。于是当时已存在的图腾名称便被人们用到了社会组织中。图腾名称在近现代的一些民族中仍存在着遗痕，其中美洲印第安人和澳大利亚土著居民中保留最多。美洲印第安人各部落中，有众多的图腾名称，其中大多数氏族是以动物、植物命名的。克利克印第安人划分成 20 个部落，如熊部落、牡鹿部落、豹部落、野猫部落、狼部落、狐部落、海狸部落、蛤蟆部落、小鼠部落等。依阿华族则有鹿族、海狸族、水牛族、鹰族之分。部落人数愈众者，其部落的名称也愈复杂，每个部落都各自保存着关于某种族起源的传说，或其祖先与图腾物关系的传说。

澳大利亚的土著居民也和美洲印第安人相似，几乎每一个氏族、部落、胞族都有图腾名称。澳大利亚的埃尔湖地区，9 个部落共有 195 个图腾名称；南部海滨一带有 67 个图腾名称；维多利亚西部大陆的3个部落有34个图腾名称；新南威尔士西部地区的八个部落有70个图腾名称，昆士兰州有120个图腾名称，由阿兰达到卡奔塔利亚湾的12个部落有250个图腾名称；澳大利亚北部和阿森格姆地区的7个部落有190个图腾名称。这些图腾名称中动物名称占据多数，其次是植物名称，以外还有少量非生物和自然现象名称。豪维特在澳大利亚东南部部落中记下的500多种图腾的名字中，只有不到40种不是植物或动物的名称，那是：云、雨、雹、霜、月亮、太阳、风、秋、夏、冬、某些星辰、雷、火、烟、水、红赭石等。

中华民族也和世界上其他民族一样，普遍存在动、植物、非生物和自然现象等图腾名称作为社会组织名称的情况。《山海经》上常有“使四鸟”的记载。例如《大荒东经》谓：“有蒍国，黍食……使四鸟：虎、豹、熊、罴。”蒍国即妫国，四鸟（即四兽），则是其四个胞族的图腾。《列子・黄帝》谓：“黄帝与炎帝（蚩尤）战于阪泉（今河北涿鹿东南，地点有争议）之野，帅熊、罴、狼、豹、貙、虎为前驱，以雕、鹖、鹰、鸢为旗。”这里所说的就是历史上著名的阪泉之战，这是黄帝与炎帝之间的一场争雄之战。文献中记载的熊、罴、狼、豹、貙、虎与雕、鹖、鹰、鸢并非是猛兽鸷禽，而是参战的部落图腾的名称。黄帝在这场断杀中，经三战后得其志，降服了炎帝，创立了炎黄联盟。

殷墟卜辞把殷人周围的民族称为“马方”“羊方”“虎方”“林方”等。有人认为，这些族名，可能来源于他们所崇拜的图腾对象——马、羊、虎、林等动植物的名称。匈奴人也使用图腾名称为氏族、部落的名称。《晋书·四夷传》中记载：匈奴入居塞者，凡十九种。其中有“黑狼种”和“贺赖种”。“贺赖”为突厥语“qulan”的汉语译音，意为“斑马”“野马”。显然黑狼和斑马、野马是他们的图腾，并被他们使用来作为氏族部落的名称。

中国现存的一些民族中，图腾名称也保留了不少。主要聚居在云南西北部的一些民族，过去也多以动物或植物名称作为氏族、部落的名称。据 1935 年的调查，居住在澜沧江上游的傈僳族，其氏族名称多为动植物，如鼠、兔、马、鸡、牛、龙、羊、狗、虎、蛇、猴、猪、鱼、公羊、稻、青草、麦、豇豆等。云南怒江地区的傈僳族有 19 个氏族名称：虎、熊、羊、鱼、蛇、蜂、鼠、鸟、猴、荞、竹、柚木、麻、菌、菜、雷、火、犁和船。生活在云南西双版纳勐腊、景洪两县的克木人，至今还保留有 18 个氏族，每个氏族都以动物或植物命名：虎、青、野猫、猴、水獭、马鬃蛇、松鼠、白头翁、小米雀、八哥、“金德勒”鸟、“梭乐”鸟、“孤”鸟、犀鸟、水鸟、秧鸡、象尾蕨、细白花树。同样彝族也保留了大量的图腾名称，据中国学者陶云逵在 1943 年的调查，云南新平县各寨彝族的图腾名称有：獐子、绵羊、崖羊、山牛、绿斑鸠、黑斑鸠、白鸡、蛤蟆、黑甲虫、象牙、细芽菜、芭蕉菜、猪槽、饭箩等。

由于图腾文化距今已相当遥远，大多数图腾名称已被其他名称所替代。但上述事实足以证明，世界各民族中，普遍存在过图腾名称，图腾名称是最早的社会组织名称。

有了氏族名称，便逐渐有了旗帜与族徽。图腾、氏族名称、旗帜、族徽，这些人类社会用以自别于众的标志随着历史的发展逐渐产生了。突厥人以狼为图腾，他们崛起之时，旗帜上绘着金色的狼头，号称狼旗。《周书·突厥传》卷五十说："旗纛之上，施金狼头，侍卫之士，谓之附离，夏言亦狼也。盖本狼性，志不忘旧。"古罗马人的军旗上常常绘有鹰，称为鹰旗，有些则绘有狼、马、野猪、牛头人面的怪兽，这些都是古罗马人的图腾。我国的史书记载了远古时期旗帜的种种标识。《左传·哀公七年》："禹会诸侯于涂山，执玉帛者万国。"部落集众出行，或围猎，或战争，都以部落图腾标识为前导。后代则改为绘有各种部落图腾的旗帜。《说文》："旗。熊旗五游，以象罚星，士卒以为期。"期是指按时达到。旗帜的另一大作用是作为标记，旗帜在古籍一般只做"帜"，因为要作为标记，所以旗帜在古时又被称为"常"。《周礼·春官》也说："凡军事，建旌旗，及致民；置旗，弊之。甸亦如之。"意思是说，有军事行动了，就竖起旌旗来集合士众，集合了就偃旗。举行田猎时，也照样办理。《诗经》中记载了各种关于旗帜的名称，如旄：用牦牛尾装饰的旗子；旃，赤色曲柄旗；旒，连接旗子下垂的飘带；旆：镶边的旗子；幡，用木棒或竹竿挑起来的长方形旗子；旂(同旗)，挂有铃铛的旗子；旟，画有鸟隼的旗子。《周礼·春官》有"司常"专职掌管旗帜，"掌九旗之物名，各有属以待国事。日月为常，交龙为旂，通帛为旃，杂帛为物，熊虎为旗，鸟隼为旟，龟蛇为旐，全羽为旞，折羽为旌"。旗子上所画的日月、交龙、熊虎、鸟隼、龟蛇，应该都是原始部落的神物，即图腾。推而言之，中国古代天文学上的"四象"，即东方苍龙、北方玄武、西方白虎、南方朱雀，可能也是人间的图腾移写到了星空天象，并慢慢有了龟山、蛇山、朱雀桥、玄武湖等地名。当然，原始时期人类群体的标识旗子只是本部落、本氏族的图腾标记，没有高低贵贱之分，但后来进入了王权时代，由于氏族、部落的征服与被征服，兼并与被兼并，图腾世界里便出现了高低等级，以至于龙图腾的标识，从上古流传下来，慢慢演变成了历朝历代皇帝的专属标识。

图腾社会中，群体成员的身体装饰、日常生活用具、工具、房屋住所与墓地、旗帜、绘画等均采用图腾标识，这种图腾标识作为该群体区别于其他群体的特殊标记，被刻画在所有可作标识的地方。我国上古时期的图腾崇拜与世界各国早期民族在许多方面有相似之处。所不同的是，我国上古的氏族社会不断发展与分化，逐渐向家族与宗族方向发展，图腾标志也逐渐表现为族徽。我们现在能见到的族徽，大都是留存在青铜器上的纹饰，有兽面纹、凤鸟纹、蛇纹、火纹、蝉纹、兽体变形纹等，其中的兽面纹，宋代以来称为“饕餮纹”，为动物图案中最原始的形式，是各种幻想动物的集合体。凤鸟纹包括鸾鸟纹，鸾鸟是吉祥的音乐之鸟，西周青铜编钟的发音处往往铸有一长冠的鸟纹，与击钟位置相应。火纹，即太阳纹，应是火神祝融的徽记。青铜器上的动植物、太阳、月亮、山川，有不少直接在造字中被采用。我国学者裘锡圭在《汉字形成问题的初步探索》中说：用象形符号表示族名，很可能是原始表意文字产生的一个重要途径。裘先生的观点可从商周时期的早期金文中留下大量的族徽中找到根据。这些族徽中明显表现为植物象形符号、动物象形符号和人的象形符号的结合，寓意氏族或家族与这些动植物之间的某种关系。这种象形标志物的诞生、再造、识别与演化，成为汉字诞生的契机之一。

二、中国古姓寻源

在图腾名称、旗帜、族徽等标志符号日渐发展的过程中，姓氏慢慢产生了。中国古今姓氏数量惊人。那么，姓氏是怎样来的呢？其实“姓”和“氏”含义是不同的。在中国先秦时代，妇人称姓，男子称氏，姓是族号，氏是分支。

“姓”与“氏”在来源上，一般认为“姓”基于母系血统，而“氏”基于男性血统。姓原是氏族的标志，姓的产生途径比较单纯，即由氏族的图腾演变而来，也就是将图腾这种实物形态的氏族标志转变为文字形态；而氏的产生则基于权力。女子称姓，并不是意味着当时的男子无姓，但由于母系氏族关系主要是由女性传承的，因此人们对女性的姓才特加注意。氏族制度之所以产生，是由于人口的增多，原有的领地资源无法满足众多人口的生存需要，于是氏族就会“分家”，一个强有力的男性领导者率领一部分氏族成员到一个新的地方安营扎寨，这个男人就成了新氏族的酋长，他保留着他原来氏族的姓，但为了将这一新氏族与原来的同姓氏族分开来，并确认新酋长的权力，就需要为这一氏族重新命名，这一对领地和族众的权力象征名号就是氏。姓与氏的起源与功能是不同的，但后来两者逐渐合一。

秦汉之前，姓和氏分得很清楚，秦汉以后，姓氏逐渐合二为一。关于姓的由来，民间有个传说：混沌初开、乾坤始奠之际，天帝造了许多小人，从空中撒下，落在石头上的就姓石，落在树叶上的姓叶，落在花丛中的姓花，落在池塘里的姓池，落在河面上的就姓何（河）。这虽然是神话，却反映了人的姓与自然万物之间的密切关系。

关于姓的来历，中国古代学者已经意识到姓与图腾的关系。早在汉代，许慎在其《说文解字》中解释说：姓是人的生身父母，人生下来就有姓。王充在《论衡·结术篇》中也说“古者，因生以赐姓，因其生赐姓也。若夏吞薏苡而生，则姓苡氏。商吞燕子而生，则姓子氏，周履大人迹则姬氏其立名也。”可见，汉时人们已了解到姓来源于“生人之源”，即今天常说的图腾。

近代最早发现中国姓氏与图腾有关系的是一位名叫罗伯特·哈特的英国人。他在1860年由广州寄给美国学者摩尔根的一封信中说：中国人称民众为百姓，意指100个家族的姓……现在我发现这个国度里约有400个姓，其中某些姓与动物、果实、金属、自然事物有关，如horse（马）、sheep（羊）、ox（牛）、fish（鱼）、bird（禽鸟）、plum（李）、flower（花）、rice（米）、forest（林）、water（水）、cloud（云）、gold（金）等。他的这一发现对于中国学者研究姓氏起源是具有启发性的。

20世纪以来不少中国学者探讨了中国古姓与图腾的关系。中国文学家黄文山认为：秦姓嬴、周姓姬、夏姓姒等等，都是古代图腾的名称。中国学者董家遵考证了偃、媿（同愧）、妘、姬、姺、妃、姩、姜、姁、妒、嫚、姒十二古姓，提出分别是鼠、牛、虎、麒麟、龙、蛇、马、羊、猴、鸡、犬、象12个图腾演化而来的。郭沫若在《甲骨文研究》中也提出，中国的凤姓起源于凤鸟图腾,他说:“卜辞风字均作凤,盖古代神话以大凤为大风神,庄子逍遥游之大鹏,传说即其孑遗。大风即大凤,故下云:‘缴也’。又谓为有风姓之国,春秋时有任宿须向颛臾皆风姓,古云,伏羲氏之胤,其实乃以凤为图腾之大民族也。”史学家吕振羽在《史前期中国社会研究》一书中讲:在中国今日的姓氏中,保留着不少的原始名称的遗迹,如马、牛、羊、猪、邬、凤、梅、李、桃、花、叶、林、河、山、水、云、沙、石、毛、皮、龙、鸡、蛇等。

学者们的意见虽不完全一致,但他们都认为古姓渊源于图腾。在古今许多民族中,以图腾名称为姓氏的,或由图腾名称演变为姓氏的情况并不鲜见。

在中国古代的一些传说中,最典型的是关于黄帝、炎帝的传说。据《国语·晋语》记载,昔少典娶于有蟜氏,生黄帝、炎帝。黄帝以姬水成,炎帝以姜水成。成而异德,故黄帝为姬,炎帝为姜。这段记载很重要,使我们知道:1.少典氏和有蟜氏是姻族,当时已实行“族外婚”;2.黄帝族、炎帝族是出于少典部落的两大胞族;3.姬水、姜水均在今天陕西的黄土高原上。炎帝得姓为姜,而“姜”“羌”两字音特别近,且两字都有“羊”字头,一个从羊从女,一个从羊从人,从“羌”字的组成来看,羌即“羊人”。上古时代晚期,羌族居住在中国的西北部,其部落或氏族的图腾可能是羊,而姜族则是羌族的一支。或许因为语音的误差而化“羌”为“姜”,或许是母系氏族的母权影响,羊下之“儿”(人)化作了羊下之“女”。炎帝以姜为姓,不是偶然,恰恰说明他是古羌族支系氏族部落的首领。黄帝族的族姓为“姬”,姬即基,意为“足迹”。黄帝裔族周人的族姓也为“姬”。周族肇始的神话是高祖妣姜嫄以“圣处女”身份履巨迹生下男性始祖后稷，所以姓姬。

东汉文学家许慎的《说文解字》解释朱姓由来说：朱，赤心木，松柏属。朱姓的一大源头是生活在黄河流域的一支血缘氏族群体。他们对周围生长的一种属松柏类的赤心木产生了神秘而特殊的感情，把这种赤心木作为本氏族的图腾，并称之为“朱木”。这一习俗代代相传。后来迫于天灾与战争，他们逐渐向南迁徙，最后散居在我国西南地区。但南方没有属松柏类的赤心木，他们便把一种赤色木取而代之，仍叫朱木，称自己的血缘群体为“朱”氏族，生活的地方称作“朱”或“朱方”。这样，朱氏族的血缘先祖朱氏族便生成了。到了尧舜时期，朱氏族产生了两位杰出人物：一是朱虎，其后裔源远流长，成为今天朱姓最古老的一支。另一位是丹朱，为尧帝嫡系长子，曾率军与舜在丹水布阵决战，结果兵败，葬于今河南安阳东。丹朱的后裔分为数支。其中一支以丹朱名为氏。这支朱氏族群体后来迁到了今湘西九嶷山一带，他们将丹朱的陵墓与朱木也同迁至此。后来他们融入了一支势力强大的崇拜蜘蛛的朱姓群体之中。这支以蜘蛛为图腾的氏族，远古时期居住在山东邹县（今山东邹城市）一带，以“邾”为氏族名。因而这里有了邾城、邾山等地名。邾的原始字意就是蜘蛛，它的甲骨文就是一个爬行的蜘蛛形象。在历史进程中他们为逃避战乱，其中有一部分族人将“邾”字去邑旁为朱，作为本氏族新的血缘徽志。在隋唐沛国的望族中，朱氏是声名显赫的一大望族,这个大族中有崇拜蜘蛛的邾氏后裔,也有崇拜朱木的丹朱之后。

在中国的少数民族地区,由图腾名演变为姓氏是很普遍的。分布在西双版纳勐腊和景洪的克木人,有许多图腾姓氏,如豹氏、水獭氏、破脸狗氏、水鸟氏、野鸡氏、团鸡氏等,他们的图腾姓氏可以分为感恩型的、敬畏型的和血缘型的。敬畏型的姓如白头翁氏,其由来是据说有一个人上山打猎,猎回了一只白头翁鸟。全家人吃完后,一夜之间头发全掉光了,牙齿也全脱落了。人们认为这是神对他们的惩罚,白头翁鸟是不能随便捕猎的。这样一来,他们的后代便以白头翁鸟为图腾姓氏了。

中国的满族人称姓氏为“哈拉”,其古姓大多为图腾名称。如“萨克达”意为“野猪”;“尼玛哈”意为“鱼”;“钮祜禄”意为“狼”;“绰罗”意为“桃子”。后来,在汉文化的影响下,满族人的图腾姓氏常常取其同义的汉字为姓,如“哈斯乎”,意为“左”,便以“左”为姓;“阿克吕”意为“雷”,则以“雷”为姓。

古代壮族人只有图腾名称而无姓氏,隋唐以后才用与图腾名称音近的汉字作为姓氏。中国学者徐松石认为壮族大姓韦氏之“韦”当从壮音而来。壮族呼水牛为 vaiz,因部分壮族有养牛职业,遂命其姓为 vaiz,以后写作汉字便是韦。壮语呼黄牛为 moz,壮族“莫”姓的产生也是同样的原因。徐松石发现了壮族姓氏与动物的联系,壮族“韦”姓与“莫”姓的产生是农业民族崇拜耕牛,认为耕牛为自己同类的结果。壮语称狗为 ma,写成汉字为“麻”。麻姓来自狗图腾崇拜,就是以“狗”为姓。壮族中有人称蛙为“瓯”,以蛙为图腾,他们便以“区”为姓。还有人认为壮族的“侬”姓和“梁”姓,分别源于“森林”和“禾稻”两个氏族的名称。《壮族百科辞典》也提到壮族的一些姓氏由来,认为其来源于图腾名称。壮族姓氏虽与汉族的一样,然此乃借用汉字,其含义是不同的,如“莫”姓乃黄牛氏族,“陆”姓乃鸟氏族,“潘”姓乃游猎氏族,“区”姓是蛙氏族,“韦”姓乃水牛氏族,壮族中还有人“鸡”姓,有“鸡村”。很明显,此姓与图腾崇拜有直接的联系,鸡图腾对壮民的影响深远。直至今日,壮乡的农家无论多困难,都要养上一只大红公鸡。没有大红公鸡的家庭,便会感到不吉利,没有大公鸡啼叫的村寨,会使人感到晦气。

“夜郎自大”是大家熟知的成语典故。据《汉书》记载,夜郎国是汉代西南地区的一个部落联盟,占地仅相当于一个州县。某日汉使来访,夜郎王问:“汉孰与我大?”意谓汉朝与我夜郎国相比哪个大?后来人们将那些妄自尊大、不知天高地厚的人称作为“夜郎自大”。据考,夜郎国国君是竹王,他的臣民以竹为图腾,以“竹”为姓。《后汉书·南蛮·西南夷传》记载了一个非常生动的民间传说:夜郎者,初,有女子浣水于遁水(今北盘江),有三节大竹流入足间,闻其中有号声,剖竹视之,得一男儿,归而养之。及长,有才武,自立为夜郎侯,以竹为姓。今黔、滇、川境内还有的竹王城、竹王墓、竹王庙、竹王祠等古迹,夜郎竹王姓“竹”,这是古籍记载的一个由图腾变为姓的生动例子。

以虎为主要图腾的纳西族曾以图腾名称为姓,在摩梭人中以虎为姓、为人名、为族氏名的习俗一直保留至今。中华人民共和国成立前，永宁、左所、前所、蒗蕖等地的土司都以“虎”（喇，摩梭语称虎为喇）为姓名，分别冠名为“喇蹋司沛”“喇咕司沛”“喇秋”“喇泽”“喇翁”等。他们自认为是虎王的后裔，不同于一般虎的后裔（平民）。

阿昌族过去也以图腾为姓，后来受到汉文化的影响，形成了一些汉姓，如阿昌族的鹰图腾，称“喇准”，后改为“张”姓；阿昌语的“喇碑”，意为“太阳”，后改汉姓为“杨”；阿昌语的“喇纳”，意为“黑夜”，改汉姓为“王”姓；阿昌语“喇翁”，意为“葫芦”，汉姓为“曹”姓；阿昌语“喇降”，意为“篮子”，汉姓为“们”姓等。

白族中的一些氏族曾以虎与鸡为图腾，以虎为图腾的白族自称为“劳之劳奴”，意为“虎儿虎女”。以鸡为图腾的便姓鸡，白族人称为“介耻”。后来他们在与汉人的交往中，看到汉人的姓中没有姓虎、姓鸡的，怕人们嘲笑他们，便改以汉姓，如虎姓改为何、和、胡、鲁、木等姓，鸡姓改为金、姬、纪、王、黄、高等姓。但也有人坚持以“虎”“鸡”为姓。此外，云南剑川县有些村寨，对外称高、黄、杨、赵等姓，但内部仍以猴、鸡、猪、青豆虫等为家族标志。可以认为这些标志实为图腾崇拜的遗迹，他们的汉姓是由图腾名称演变而来的。

中国民族学家马学良在云南楚雄彝族自治州武定县调查时发现，现今彝族所用汉姓多以氏族名称的谐音或汉义转化而来。他将在当地彝族居住区调查到的彝族氏族图腾名称转化为汉姓的情况，列为图表，现摘要转引如下：

氏族名称(彝语)	汉语名	假借汉姓
都卑普	蜂氏族	张
对素普	鸟氏族	张
薄以鲁普	虎氏族	张
阿罗谱	獐氏族	张
那普	黑氏族	张
周卑普	歧路氏族	李
斥普	梨氏族	李
地哈勺普	鼠氏族	李
阿奴普	猴氏族	朱
卢丝普	龙氏族	龙
德普	地氏族	李
阿木拍普	酒壶氏族	壶

众多的"死"材料与"活"材料已证明：中国人最古的姓是图腾名称，图腾为姓的一个根本原因，是因为图腾与后来的姓一样，都具有精神纽带作用，都具有专一性、永久性。正是在这一点上，图腾与姓沟通了起来，经过历史长河的积淀和约定俗成的民俗文化的认可，图腾名称就逐渐演化成了姓。

三、中国古地名的由来

地名在人们的生活中占有很重要的地位，然而地名不是历来就有的，而是在人类历史的各个时期逐渐形成的。由于地名产生时间不同，各地地名形成的缘由自然也就千差万别了。不过,最古老的地名大多渊源于图腾名称。

图腾产生之前,既没有人类群体的名称,也没有地名。图腾产生后,人类群体便以自己崇奉的图腾物的名字作为自己群体的名称,当某一群体在某地定居之后,其居住地也就获得了这一群体的名称。因此,最早的地名就是图腾名称。史学家李玄伯对此作过精彩的论述:“……最初只有图腾之分,无地域之别。所谓先有英吉利人而后有英格兰,英格兰名字,得自英吉利人。但有了英格兰以后,又变为相反的,英吉利人,又变作生在英格兰的人。”他还说,中国最古的地名,大都是图腾的名字,用这种图腾的群体,因定居在某一地,就用图腾以名其地。他考证说:虞的图腾是驺虞,后来成了地名;扈地因扈鸟氏的定居而使“扈”成了地名;燕地因玄鸟氏的定居而有其名;蓟(一种植物)地得名是因蓟氏族的定居而得名;洙水的得名也由于同样的原因。泜水得名是因氐(鸱)图腾氏族之定居;观地得名因雀图腾之定居;涂山、郐地得名因余(蟾蜍)图腾之定居;漾水得名因羊图腾氏族定居。

中国现今许多地名的渊源中仍可见图腾名称的痕迹,彝族曾以虎为图腾,自命为虎族,他们世代所居的山冈、村寨,乃至河流常以虎冠名,如纵贯滇西的哀牢山(又作艾乐山),彝语意为“大虎山”。哀牢山山区有许多以虎命名的山冈,如“罗摩山”,意为“母虎的”;“老应奔”,意为“虎啸山”;以虎命名的村寨如“上乐秋”和“下乐秋”,意为“上虎街村”和“下虎街村”;流入彝族居住地区的澜沧江,彝语为“虎跃入江”;彝族白鹿部故地“峨罗”,意为“大虎”;武定县境内的

“罗摩河”意为“母虎河”；“罗其嘎”意为“挂虎皮之地”；“罗矣桃”意为“虎族饮水之地”。滇、川凉山彝族地区也有很多与虎有关的地名，如金沙江和雅砻江的分水岭是“纳拉山”，意即“黑虎山”；峨眉山曾经是彝族的故乡，彝族人称它为“罗山”，意为“母虎山”；凉山彝族自治州首府西昌市，彝语为“拉希峨卓”，意为“虎族居住之地”；宋代时四川峨边彝族自治县叫作“罗目县”，意为“母虎县”；今云南小凉山永胜、华坪一带，古时有彝村“腊母”“罗摩”“罗莫”等，都以“母虎”为名。

虎也是纳西族一些群体的图腾，至今在纳西族的居住地还有不少与虎相关的地名，在滇川交界的纳西族摩梭人居住地，有一座绵延逶迤的山脉，摩梭语称此山脉为“纳喇咕”，“喇”意虎，“咕”意山，全意为“黑虎山”。四川木里藏族自治县的大山脉西北绵亘玉稻城和云南丽江市、德钦、中甸（今香格里拉市）等市县，摩梭语称此山为“喇孜咕”，意为“虎居山”。永宁土司最初居住的山冈名“喇底咕”，意为“虎头山”。宁夏永宁温泉县也有三座山丘，名“喇包鲁”，“包鲁”意为女儿屋，“喇包鲁”的含义是虎女山。永宁坝中央有大河，发源于四川省纳喇山脉，流经四川木里，云南丽江、中甸，宁夏永宁，归入大渡河，摩梭语称此所为“喇波基”，意为“群虎河”。四川左所土司世居的泸沽湖之滨，摩梭语名“喇塌底”，意为“虎王的地方”。云南宁蒗彝族自治县蒗蕖坝，摩梭语名“鲁咕底”，意为“卧虎地方”。永宁坝中心区，摩梭语称为“喇瓦”，意为“虎的地方”。除此而外，摩梭人居住的其他地方，如云南丽江、永胜、华坪，四川木里、盐边、盐源等各地都有许多山川地名是以“喇”(虎)为名称的。实例极多,不胜枚举。

古突厥人与狼的关系可谓历史久远。《周书·突厥传》中记载了两则传说。一说是:突厥被邻国灭族后,仅剩下的10岁小男孩被砍去双脚扔在荒草中,被母狼发现喂养成人,后来男孩与母狼结合了。当年的邻国国君怕引起后患,派人将男孩杀死,母狼侥幸逃脱,隐藏在高昌的一个山洞里产下了10个男孩,10个男孩长大后各自繁衍后代,其中一支就生活在阿尔泰山一带,称为突厥。另一说是:突厥祖先原先在匈奴之北的索国,部落首领名叫阿滂步,他有兄弟17人,其中一个为母狼所生,这位兄弟的长子叫纳都六,被大家奉为君主,建国突厥。这两则传说,虽各执一词,但都认为狼是突厥的祖先。突厥人以狼为图腾,故他们所居之地被称为“狼山”。唐代初期突厥灭亡后,也曾因突厥地名而设置狼山州。

巴人是中国古代的人类群体之一,约在父系氏族时就生活在鄂西清江流域,后不断向四周迁徙和扩散,其中的一部分人演变为土家族。在巴人活动过的地区和土家族的居住地,都留下了许多与虎有关的地名,从一定程度上反映了虎在巴人与土家族历史、生活、信仰上的重要地位。清同治《长阳县志》记载:白虎陇在长阳西渔峡口。这个地方是传说中巴人廪君化白虎之地。白虎溪,又名白虎妻,这是一个寨子的名称,为传说中的白虎化人之地。这个寨子的来历,相传是由于有个小伙子,在山上救了只踩着猎套的母老虎。母老虎要把白雌虎嫁给他,小伙子很为难,人怎么能与虎一起生活呢？但他走进虎洞时看到的是一个漂亮的姑娘。结婚后两人过得非常幸福，每天白雌虎都与小伙子一起上山打柴，形影不离。一天小伙子在崖壁上砍柴，只听得白虎一声惨叫，白虎被猎人用箭射伤跌进溪沟深潭。小伙子来不及追赶，坐在溪边伤心哭喊白虎妻。该地由此得名白虎溪，又称白虎妻。

白虎堂位于湖北恩施土家族苗族自治州来凤县，是一个土家语的音译地名，它的土家语发音为“里撮阿斯”。这个地名与土家族的族源有关。土家人崇拜祖先，在其聚居区修建白虎堂以祭祀，至今仍有敬奉白虎神的习俗。也有学者指出从汉水中游一带一直到清江流域有很多带“虎”字的地名，这可能是古代巴人的迁徙路线。如襄阳县（今湖北襄阳市）西南三里有虎头山，东南三十里汉水中有虎尾洲；安陆县（今湖北安陆市）南十里有虎子岩；京山县（今湖北京山市）西南三十里有虎爪山；今湖北鄂城的白虎矶一带，即《水经注》所说：“江水东径白虎矶北，山临侧江濆”的白虎矶，其西南九十里又有白虎镇；大冶县（今湖北大冶市）东北五十里有虎塘山；再沿长江西上，如江陵县（今湖北荆州市）西南二十里有虎渡口和虎渡河；宜昌东南三十里有虎牙山，下有虎牙滩；宜都县（今湖北宜都市）北三十里长江东岸有虢亭，这里是三国时陆逊大败刘备的地方；长阳县东清江有白虎堡、三虎关、虎巴沟；利川县（今湖北利川市）西北有白虎山；等等。

另有一些巴人则迁往渝东一带，如奉节县东三十里有虎须滩，即《水经注》所说的“江水东历平都，又径虎须滩”；

长寿县又有白虎山；酉阳县（今重庆酉阳土家族苗族自治县）有虎滩、虎眼；合川县（今重庆市合川区）西南有虎头寨；等等，从中我们可以梳理出一条巴人西迁的路线。

中国白族过去曾以鸡为图腾，白族居住的地区至今还有不少村名、地名与鸡有关。如：滇西北的产盐地喇鸡鸣井、宾川县的鸡足山、祥云县的金鸡庙、剑川的金鸡山，等等，那些被叫作鸡村、鸡凳、鸡邑、鸡坪、鸡鸣村、黑鸡村的小村寨就更多了。

云南有鹤拓一名，泛指白族居住的南诏广大地区，有时指大理，有时指鹤庆。"鹤拓"是白语"俄坤"的意译，"俄"指白鹤，"坤"指开拓、发展。"鹤拓"一名的起源直接与白族先民的白鹤图腾崇拜有关。传说白族开辟坝子成功后，成群结队的白鹤飞来庆贺，故为鹤庆。又传坝子开辟后，突然一声巨响，坝子中心长出两棵松树，一对丹顶鹤绕树飞起来，以示庆贺，人们便称该地为鹤庆。这些传说反映了白族是在白鹤的保佑下开拓了的居住地，显然与白鹤图腾有关。

山西"汾河"一名的得名于居住在这一水域的一个崇拜凤鸟图腾的氏族，以凤为图腾进而形成族名和地名。说汾河得名源于凤鸟，在历史学、古文字学，特别是在语言学上都得到了印证。殷代甲骨文"卜其皿（盟）凤方"等几条卜辞，均有凤方的记载。因此汾河得名是在夏代之前的原始时期，与一个曾定居在这一水域的凤方所崇拜的凤鸟图腾有关。又如以崇拜鸟图腾最为清晰的商族，有"天命玄鸟，降而生商"一说，该族定居的"燕山"就是崇拜候鸟燕子图腾而得名的。

中国远古的龙虎图腾，在今天中国地名中也有相当的反映。1983 年版《中国地名录》收词 32 000 条，光带“龙”字为首字的地名就有 330 条之多，“虎”字起头的地名也有近百条。这些地名基本上都与中华民族的龙、虎图腾崇拜有关。

第五章　图腾奇葩

图腾艺术是图腾观念在艺术中的表现，是人类最早的、最为奇特的艺术之一。图腾艺术可分为图腾装饰、图腾图画、图腾雕刻、图腾舞蹈和图腾音乐，还包括图腾神话和诗歌等。

一、五彩缤纷的装饰

图腾装饰，即以艺术的手段把人体装扮成图腾的模样，使自身与图腾之间产生一种亲缘感，从而受到图腾的保护，这是图腾同体化的表现。图腾装饰可分发饰、服饰、佩饰和身饰。

1. 发饰

发饰是原始民族从活动装饰到固定装饰的一种过渡形态，它并不是所有原始民族经常使用的装饰。不少原始民族用结发以象征其图腾。非洲马里的班巴拉部落，成年男子头上有两只“角”，梳成羊角状的两束头发；附近的科尼亚吉人，头顶上则立着一只小车轮，四周的头发作四下分散的样子，犹如四射的光芒。其实这两个非洲黑人部落分别信奉羊图腾与太阳图腾。怪异的发式正是他们对图腾形象的刻意模拟。美洲印第安人同样把自己的头发装饰成图腾状。阿美哈人的鸟图腾部落，结一小辫盖于头额，以象征鸟嘴；脑后又留置少许头发，扮作鸟尾；两耳边的头发则梳成小辫，以作鸟的双翼。海龟部落的人，则把头发剪掉，只留下 6 根辫子，头的左、右两边各有两根，作为乌龟足；另一根伸向前额，还有一根在背后，分别象征乌龟的头和尾。

中国西南少数民族的部落中，也有发式图腾化的习俗。云南傣族有个花狗部落，这个部落的人奉花狗为图腾，他们都用黑布裹头发，右边垂一条布，其实这条布象征的是狗的尾巴。贵州苗族的"狗耳龙家"也一样，妇女辫发结螺髻，模仿狗耳。原始群体把发饰当作他们氏族、部落的标记，以区别其他的群体。这种情景在其他地区也出现过。如居住在哈得孙海湾的菩托库多人曾在头颅周围剪成（或剃成）三个指头宽的光圈，另有一束头发覆盖在头顶上。澳大利亚土著中纽古明部落头发留得很长，将前额头发剪得很方正，用一根带子把其余头发束向后面。这种奇怪的发饰可能都是为了体现一个群体的独特性。

有的原始先民还把发饰的相似行为当作一种神秘力量，认为对头发的装饰与生活中的某些事件有一定的联系。如老挝狩猎者去追寻大象时，留在家中的女子不能剪发或搽油。他们相信，如果女子剪了发，大象就会挣破网套；如果女子在头发上搽了油，大象就会从网套中挣脱。在图腾崇拜仪式上，原始群体也极力施展心灵感应的巫术活动，把头发与生产活动联系起来。如墨西哥原始部落在玉米成熟时，要举行大规模庆典，祭祀玉米女神"长发妈妈"。届时，妇女们要把长发放开，让它在舞蹈中摇曳飘荡，以使来年玉米能生长得丰盛、饱满。

发饰既是原始民族的一种美的装饰，也是他们信仰的体现。澳大利亚塔斯马尼亚土著用红土脂油把头发涂得厚厚实实，像一块坚而厚的饼子；昆士兰人用蜡涂在头上，使头发在太阳光下像油漆过的那样发光。澳大利亚有些原始部落在头上粘胶，再插上羽毛、苔绒、蟹爪，有的黏附鹦鹉的白羽毛。非洲布须曼人的头发稀少，小辫子拖得不到一英寸长，可是在发尖却挂上兔子尾巴、金属纽扣及其他饰物。有些原始群体对胡须也精心装饰，把白贝壳或野狗尾挂在胡须的须尖上。这些装饰在原始土著看来是美的体现，但实质都是为了使图腾能够认识自己、保护自己而实行的“图腾同体化”。随着社会的发展，人类对自然及对自身的认识逐渐加深，发式图腾化的现象才被逐渐遗弃。

2. 服饰

在原始民族的眼里，要博得图腾神的欢心，就必须模拟图腾动物的形态，披穿图腾兽的皮，被看作是莫大的虔诚。北美印第安人狼部落的男子无不披整张的狼皮，狼尾置于背后，狼头放在胸前。非洲安哥拉部落奉蛇为图腾的氏族，其年轻人在成丁礼上，用树根或纤维织成蛇皮般的衣服包卷全身，表达他们自身冀望化为图腾的热诚。中国贵州彝族信奉虎图腾的先民，其首领就披张虎皮。西藏门巴族信奉牛图腾的部落女子都爱披小牛皮。云南纳西族有一种特殊的服饰：一块裁剪成蛙身形状的羊皮，上面缀有两个直径为 5 寸左右的圆形描花图案，在图案下 4 寸多的羊皮上，横缀着一排7个直径为2寸的圆形图案。多年来，人们对纳西族的羊皮服饰有一种解释：缀在羊皮面上的两个大圆饰，左为太阳，右为月亮，7个小圆喻示着7颗星星，根据这种解释，误传为“披星戴月”，即是纳西族妇女辛勤劳动的标志。但我们根据纳西族东巴经中的一些故事和丰富的民间传说，纳西族古时很崇奉青蛙，东巴经典里称青蛙为“黄金大蛙”。羊皮服饰上缀有大小圆盘图案，可以理解为蛙的眼睛，而羊则是纳西人的前身古羌人的图腾。蛙形的羊毛服上加蛙眼，表明了纳西人纪念新老图腾的双重意义。纳西族的这种图腾服饰一直流传至今。

世界各地的图腾民族，由于地理环境和气候条件相殊，其服装也随地、随时而异。北美洲的印第安人，因地处高纬度，需以皮毛衣服抵御严寒，故常用图腾动物的皮毛如鹿皮、山羊皮、狼皮和水貂皮制衣。印第安缅尼特里人披狼皮，特林吉特人用山羊毛织成厚实衣服。还有的印第安人用猎获的兽毛与植物纤维一并织成裙衣，上面缀有图腾纹样。印第安特林吉特人在举行图腾崇拜仪式时，都披一条色彩鲜艳的毛毯，毛毯上缀有自己的图腾图案。参加仪式的人通过毛毯上各具特色的图腾图案，一眼就可辨出他们来自何方。地处热带的非洲以及澳大利亚土人往往赤裸全身，只有头、耳、颈、手、足等部位可带装饰物，这种装饰物可称佩饰。在夏季，天气炎热，印第安人的男子多裸体，女子则穿着一条简易的围裙。北美的印第安人还采集当地的雪杉树皮做衣。他们先将树的表皮去掉，再把里面一层嫩皮揭下晒干。之后，妇女就用木板反复敲打树皮，直至柔软成条状。用雪杉树皮制成的衣服，可在多雨的季节里当作雨衣使用。

中国云南的白族、彝族的许多支系中，有用留着尾巴的羊皮制衣的习俗，如果遇到哪一头羊的尾巴不慎脱落，他们就用黑白或白色的布条，特地做成一条假尾巴缝上。这些妇女的围腰带做得特别宽大，拖到腰后，叫做作“围腰尾巴”。这种“有尾为美”的观念源于最初的龙祖（龙图腾）崇拜。这些群体的人们都认为他们是“龙”图腾的后代，因此“好五色，衣皆著尾”。云南景颇族妇女身穿银泡上衣，这种上衣用黑色绒布做成，沿着肩围从上到下缝缀着三四排大而圆的银泡，银泡下面垂挂着若干银叶、银链。这些闪光银泡装饰象征着他们的女始祖“龙女”身上的那些有光泽的鳞片。

原始民族的帽子往往也是装饰的重点，常绘有图腾图案，以表示自身有赖于图腾的神力。北美印第安人的海达部落，他们的帽子用柔软的树根纺织成，整个帽子高约半米，上面绘有图腾图案，特别是帽子顶部嵌上一块木雕，象征鲸鱼。中国云南的撒梅人妇女、儿童都喜戴鸡冠帽，两朵红绒结成的鸡冠缀在深蓝色的帽尖上，宛如昂首的雄鸡。这一来历相传是在古代，有一次深夜撒梅人被敌人包围了，是一只雄鸡突然啼叫，将沉睡的人们惊醒，才突围化险为夷。撒梅人为纪念这一救了他们性命的雄鸡，从此便奉雄鸡为图腾。

3. 佩饰

现在，不少年轻人喜欢在发际、耳垂、脖根、胸前、手腕、脚踝处佩戴各种饰物，以显示他们的青春之美。其实，这种体外佩饰并非当代人的创举，在原始时代，人们也在身体的一些部位悬挂或佩戴各种装饰品。佩戴的部位一般是在前额、鬓角、颈项、腰部、脚踝及手腕、手指等处。先民们所佩戴、悬挂的各种装饰品，都是经人工有意识加工的自然物，这些佩饰可称为原始艺术品。不过，先民们佩戴饰物起初并不单纯是为了美观，主要是出于图腾崇拜。这些饰物的质地有石、牙、骨、贝、蛋壳、羽毛等。如牙饰的牙齿有狐、獾、鹿、鼬、狗、袋鼠、狮子、蟒蛇等，大多是图腾动物的牙齿。

原始先民以为人的颈部连接着头部与躯干，是性命关键的所在，故常在颈上套以咒物。有些非洲土著中奉豹、狮、蟒蛇为图腾的部落，他们各自把豹牙、狮牙、蟒蛇牙串成项圈挂在脖子上。澳大利亚的一些土著部落的项饰，就是用袋鼠毛做成长绳子，在颈上缠绕好几转，悬挂在胸前，绳子上有一条袋鼠皮带，上面密密麻麻地排列着袋鼠的牙齿，把图腾动物袋鼠的牙齿当作咒物，以求助图腾动物的神力。欧洲旧石器晚期的遗址中，也发现不少经过修饰的动物牙齿，如狼、狐狸、牛、熊、老虎等，这些牙齿的顶部被刻上了一条沟槽。尼安德特人可能就是用这种动物的牙齿作成垂饰的，他们佩戴这种饰物，正是要取得与图腾同样的神力。中国吴县（今江苏苏州市吴中区和相城区）草鞋山与上海福泉山的史前遗址，曾出土了原始先民颈项上佩戴的玉坠与倒梯形佩饰，这两种玉器上分别刻着兽面纹，当是他们的族徽标记。

原始先民也取图腾的皮毛装饰头部。澳大利亚的土著用鸟毛、袋鼠毛装饰头部。非洲的布须曼人，有些用食肉鸟的头部戴在头上，有些则戴着乌鸦的头。中国福建闽江沿岸的妇女有佩戴图腾化饰物的习俗。当地居民原奉蛇为图腾，妇女们大多喜戴5寸许的银簪，其状宛如昂首的蛇。簪作蛇形，说明她们不忘先民的图腾。有的地方的民众还直接把图腾物或图腾物的一部分作为饰物。如哈萨克人的猫头鹰部落，男男女女均喜欢在帽顶上缀一撮猫头鹰羽毛。云南楚雄彝族自治州奉樱花为图腾的部落，在樱花开放季节，都喜爱摘一朵樱花插在发际。

早期人类比较重视头部及颈部的装饰，后来逐渐扩展到装饰手臂、胸部、腰部以至足部。澳大利亚土著跳舞时舞者常在踝骨缚上树叶，增加舞蹈动作的节奏。中国台湾雅美人用野猪牙作胸饰，将牙根穿孔，两牙相接成圆形，用绳系成一串。他们有时还用山羊胡子缀成胸饰。这些装饰除了美观外，可能其原料就是图腾动物的部分，使其与图腾相通。

热带地区的原始民族往往在赤裸身体上围着腰带作为装饰。澳大利亚土著的腰带，有的用皮割成，有的则用纤维或人的头发搓成、编成。通常腰带没有什么装饰，使用时只能遮住臀部，但在图腾仪式或跳舞集会时，他们会在腰带前面挂些东西：细枝叶子、鸸鹋的羽毛、松鼠的毛、野狗的尾巴，或其他同类东西。这些腰带挂饰除装饰之用外，可能也是用来区别图腾部落的。

4. 身饰

图腾部落的身体装饰，最能显示其图腾的意义，身饰就是身体敷痕，大致有三种形式：绘身、切痕与文身。一般认为绘身为时最早，次为切痕，最后是文身。绘身亦称画身，即用天然颜料（泥土、树胶、油料、炭之类）在人体上涂绘出某种图案或大面积地涂色，甚至涂遍全身。这是人类最早的一种装饰。绘身习惯在人类初期文化中最为普遍，在世界许多原始民族中流行过。不过也有例外，在那些高纬度、寒冷地区生活的原始民族，如因纽特人就没有此类习俗。

澳大利亚土著居民经常随身带着红、白、黄等颜色的土块。平时在脸颊、肩、胸等部位染上颜色。一般情况下，当节日或社会活动时，他们便会用颜料绘满全身。所涂颜色，还会因活动的内容而有所区别。在参加械斗、战斗之前，要把身体涂上红色；当族人去世，服丧则要涂上白色，心情忧伤时也涂上白色；参加欢庆活动需歌舞时，他们的身体涂绘的颜色五彩缤纷。当儿童长到成年时，开始绘身（主要是胸部、背部及脚），一般用粗线条描绘，并加绘图腾符号，绘出的图腾图形或是作象征描写，或画图腾动物的某一部分，以代表其全体。原始先民在身上绘画的形象绝大多数是动物，说明他们大都把动物作为自己的图腾和本部落的保护神。先民们把自身描绘成动物模样，其旨成为兽儿兽女，成为图腾的同类，并获取图腾的神力。

澳大利亚南部本塞湾一带的伯尼开拉人以袋鼠作图腾，举行入社成丁礼时，他们在背上画 3 个圆圈，上面的两个小圆圈作袋鼠的眼睛，下端一圆圈代表袋鼠的嘴。华拉孟加人的“伏龙魁蛇节”，舞者也用色彩绘身，象征他们的图腾大蛇。在阿龙泰人中,年轻人举行图腾仪式时要在背上用红、黄两色涂绘图腾符号太阳、水纹等图形,在他们跳图腾舞蹈时,舞者还要在身上涂一层动物油脂,再用赭石粉或碳粉描绘象征的图腾纹样,之后再用山鹰的羽毛蘸上从自己手臂上划出的鲜血,贴在图腾纹样的四周。

南美哥伦比亚的土著常把图腾动物的形象画在脸上,而其酋长还要在身上绘有其图腾的彩画。美洲印第安人德林克特各部落成员用红、蓝、黄、青颜色,取线条、点子,或粗涂,在身上描绘代表各自图腾符号的形象:乌鸦、鹅头、鲸颚、鲸尾、狼嘴、鼠足、熊爪、海豹、蛞蝓、太阳、星、山、岩石、云、海波、冰块、独木舟等。原始先民在出征时也绘身涂色,除了区别友敌外,也具有借靠图腾的神力,作为在战场上的护身符。

中国许多民族在古时也曾盛行过绘身的习俗。青海黄南藏族自治州,藏族先民在祭山神时,选 8 个半裸的青年满身都画着虎纹,跳着名为"於菟"(虎)的舞,翻墙入室,为各家驱鬼逐疫。与之相似,云南彝族中有一支奉虎为图腾的部落,在祭祀图腾祖先虎节的礼仪中,一批扮演虎角色的男子,身上、脸上绘着虎纹或戴虎形面具,再披着用黑毡子扎成的虎皮,扮成老虎跳虎舞,并磕头向虎神谢恩。这两种少数民族装虎样进行驱鬼逐疫的活动,很可能就是当地古代先民(古羌人)有过的绘面画身、祭祀图腾祖先老虎的遗风。古代吐蕃人中奉猕猴为图腾祖先的一支,为了让猴祖认识自己,同时也为与其他部落相区别,表示自己是猕猴族,就模仿猕猴的样貌,用赤色、红褐色的颜料在脸上涂成猴样。

用绘画来装饰身体的缺憾就是色彩不可能长时期保留，为使纹饰能长期保留下来，又出现了切痕，即蠡痕。原始先民用燧石、贝壳或其他原始小刀，割伤肌肤，在切痕处涂上一些泥土，或揉入某种动植物的胶汁，使皮肤上长出有色彩的疤痕。切痕的图形有点，有曲线，有直线，直线往往横亘整个胸部。切痕的部位大都在背、肩、后颈、胸脯、腹部、大腿、手腕及脚背上。这种切痕的身体装饰方法，多在深褐色皮肤的澳大利亚与非洲土著部落中流行。因为斑痕在黯黑色的皮肤上明显地浮现出来，犹如紫檀木上的雕刻，具有凝重的美。

切痕的图形很简单，各部落都有短的平行线和垂直线，处置这些直线排列的方法和数目，各个部落是不同的。澳大利亚土著在脸上、腕上切割不同的虚线，有些带星形，有的则为半圆形。切痕的图形与图腾有关，所代表的意义非同一部落的人是难以理解的。切痕是一个极为痛苦、并耗费时日的过程，它不可能一次成功，需要分阶段施行手术。施行切割的人有一定年龄要求。澳大利亚昆士兰人的儿童到了一定的年龄，就要在他们的胸上、腹上切划几个十字叉，随着年龄的增长，那种交叉逐渐增加，到其成年时，在两乳周围划上半圆形线条。这些不同形状的线条表示了他们不同的年龄段，更是其所属某个部落和家族的标志。澳大利亚土著青年在成丁礼时施行切痕，是一件重大的事情。施行切割术时，年轻人要安静地忍受痛苦，以博得众人夸耀其刚锐勇武；同时也被视为是图腾祖先考验青年的一种手段。

切痕对皮肤装饰的花纹、图样的要求往往比较简单、粗糙。而文身则综合了绘身与切痕的要素，并在纹样的描写技术上，无论是写实或是象征的表现，都远远超过前两者。“文身”一词最早见于中国周代，所谓“吴，夷狄之国也，祝发文身”。后人解释说“刻重其身，以为文也”，即在身体上留下永久性的纹饰。文身又叫纹身，也称黥面扎青、刺文、涅面、绣面、文面等。有人认为“实行割痕的部落大部分不实行文身，而实行文身的部落通常是不实行割痕的”。其实切痕与文身是有联系的，切痕的人体装饰花纹往往是点、线，至多为几何图形；而文身描刻的图纹已具有写实或象征的精致纹样。文身的图样一般就是图腾图样。《辞海》中对文身的解释是“纹身（文身）是用针在人体全身或局部刺出自然物或几何图形，一般用作图腾标志”。远古时期，图腾民族的文身可能是用竹签、石针、藤针、骨针或其他削尖的物体在身上或脸上刺出自然物或几何图形，然后再揉进深色颜料（通常为研细的炭粉），待发炎过后，就会在身上或脸上呈现出永不褪色的黑紫色图形。

北美印第安人海达部落将其图腾记号纹于胸部、腿、臂、手与双腕，其纹样有比目鱼、鳖鱼、华土哥（神话中的精灵）、蛙、蜂雀、乌鸦、熊、月亮、虹、蜻蜓、星鱼、鲆鱼、雷鸟、杀人鲸、牛尾鱼、狗鱼等。巴西印第安人的巴凯里部落成员在他们儿女的皮肤上刻画一些黑点与黑圈，使它很像豹皮，因为豹子是他们的始祖图腾。奥日贝人将鲸纹刻画于两颊或额前，表示图腾所属。南太平洋的黑利人的鲸纹，通常刻画的形象是两种不同的鱼类，这正是他们的图腾动物。非洲苏丹地区的罗图佳人各部落均有自己的图腾，如鳄鱼、白虎、雄狮与兀鹰等。依照部落规矩，部落成员一旦成年都得在自己身上和脸上绘刻图腾形象。非洲尼日利亚的部落成员在脸上刻画着蝎子、公鸡、箭镞的图案，这些图案正是他们的图腾。

中国人文身绣面的历史相当久远。甘肃广河县马家窑文化遗址出土的人头盖纽，属新石器时代，其面部和颈部均布满了花纹，可以认为是文面和文身习俗的写实艺术遗存。先秦时期的吴越先民断发文身，是为了与他们的图腾同一化。他们认为只有这样，在水中作业时才不会为蛟龙所害。中国少数民族中文身习俗也颇为流行。海南岛黎族的文身花样繁多，而且对称均匀。明顾玠（亦作“芥”）《海槎余录》记述黎俗说，男女周岁即文其身，否则上世祖宗不认其为子孙。于是不绣面的黎族妇女，去世时也要在脸上雕画图案，然后才能下葬，否则会成为无归属的野鬼。黎族人文身的图案主要以青蛙纹为主，这与图腾崇拜有关。传说一黎族妇女因吞食神果而生下一只青蛙，青蛙长大后与一位姑娘成亲，他们的后代就是黎族。台湾泰雅人最初只有女子刺面，男子并无文身习俗。据说，后来泰雅人因人口增加，决定一半人移居平地，另一半人定居山上。由于平地人的首领分人时多留了不少人，山上人觉得吃亏，要求归还人数。平地人断然拒绝，两部分人由此发生冲突，但因两部分人都没有特殊标志，冲突时容易误伤自己人。于是山上人的男子开始刺面，文身习俗便流传开了。云南的崩龙族男子也有文身的习俗，文身部位一般在脚部、背部或胸部，依据各部落的不同标志，分别刺以虎、鹿、鸟、花草等动植物图案。由此可见，文身源于图腾崇拜。

二、艺术奇迹——图腾图画

图腾图画有岩画、装饰仪式场所及仪器用具的图画描写，如丘林笳、地面上的图腾画、树皮画与陶器上的纹饰。

岩画是图腾崇拜的重要内容，分布极为广泛。南非拉达昆斯堡山脉的岩画都作象、犀、鹿、羚、狮子、鱼、蛇、大鸟、马、犬等动物形象，使用的颜色有白、黄、红、褐、紫、黑等。岩画上的动物可能就是原始部落的图腾。图腾群体认为人兽出于一源，所以把人与动物等同起来，因此岩画中的人物形象，不仅不和图腾崇拜相抵触，很可能就是图腾崇拜的产物，可能是图腾部落在向图腾动物施行仪式，以保证狩猎成功。如南非俾格米人画一只羚羊的轮廓，人用箭射它，目的是求助图腾神保佑多获猎物。

非洲南部的布须曼人信仰“卡根”(Kaggen)，认为“卡根”是神，是一切生命的原动力。实际上，“卡根”就是他们的图腾神灵。他们在岩壁上刻画的大羚羊图画，其意义并非告诉人们这是一只大羚羊，而是要人知道，“卡根”正在这只非洲大羚羊身上，而它听到“卡根”的召唤时，就会奔向“卡根”。这样布须曼崇拜“卡根”，当然希望图腾神灵向人间多提供食物和猎物。布须曼人常把“卡根”画成螳螂那样的形象，推测“卡根”可能起源于一个以螳螂为图腾的部落。非洲卡拉德吉利洞穴的舞蹈图把人的头部缩小到难以辨认的地步，把脚画成螳螂腿一样。螳螂正是布须曼人中某些氏族的图腾神。非洲鲁特柯鲁地区一幅岩画，上面画着5只动物：长颈鹿、两只鸵鸟、象、犀牛。它们可能是某些原始部落的图腾，要求人们禁止捕杀，禁食这些图腾动物。同一幅岩画上有好几种动物一齐出现，可能表明它是不同部落联盟的标志。

史前图腾壁画，当以欧洲南部的法国、西班牙岩洞壁画最为著名。西班牙的阿尔塔米拉洞穴壁画，图像准确生动。顶部所描绘的马的轮廓，表现力之雄厚、用色之精巧，世所惊叹。那头黑色野牛由于伤势过重，四足卧地，已无法站起，可还在挣扎，眼睛直逼前方。岩壁上所画的动物有15头野牛、3头野猪、3只母鹿、2匹马和1只狼。图像色彩不一，有红色、黑色、黄色与暗红色，那么多的动物汇集在同一幅壁画上，绝非单一图腾部落的产物。很可能许多图腾部落曾在此洞穴会集，举行过图腾崇拜仪式。法国西南部尼奥洞穴的壁画，描绘野牛、马、山羊等动物。这些壁画只用黑色，不用红、褐等色。该壁画上的野牛身体上有毁伤的三角形记号，可能它是这个图腾部落为攻击敌方部落咒术行为之痕迹。

洞穴壁画上经常出现手印。手印有3种：阳纹手印，用手蘸上颜色然后印在壁上，它有红、黑两色；阴纹手印，用手作模子压在壁上，然后往上喷射颜料就成了一个空白的母手印；用颜料直接画成手的形状。西班牙境内各洞穴，法国的加尔加洞与派契迈尔洞均留有手印。非洲的布须曼人、澳大利亚的土著与美洲印第安人也有制作手印的习俗。压手印于壁上有增强精力、祛灾除病或某种神秘仪式的说法。

布须曼人的岩画：一群人执盾挥矛追击一群动物

中国民俗学家岑家梧认为:图腾民族于洞壁上作掌印(手印)当为记录部落成员参加仪式的人数;或于各成员进入洞穴时,自将掌纹印于石岩,类似今日出席会议的会员签名式;或又表现成员与图腾祖先互相关联的咒术行为,有的还把掌印捺于动物图像之上,就更可说明这种用意了。他的解释是有见地的。

中国是世界上岩画分布最为丰富的国家之一,北起黑龙江南至云南沧源,东自黄河之滨的连云港,西迄新疆昆仑山口,岩画洞穴总数达几百个,不下几十万幅画。大量的动物岩画从表象看是虎、马或羊,其实所表现的并非动物本身,而是在祈求牲畜兴旺、打猎丰收。青海刚察黑山舍布棋沟岩画有一条狼的形象。它在侧首竖耳,斜视远方的猎物,作欲扑动的姿势,形象生动。究其本意恐怕不是为了描写狼本身,而是图腾祖先。有的岩画还有表现人兽交媾的场景。如内蒙古乌兰察布岩画上有北山羊与女子交媾的画面。看来,北山羊就是作画部落的图腾祖先神。这种人兽交媾的图像反映了古老的图腾祖先神话:原始先民认为是自己的女始祖与某种动物交媾而形成本部落。

原始先民的图腾绘画除岩画外,还有一种地画。绘制在地面上,画幅大,不像彩陶画要受到画面的限制。中国甘肃秦县五营乡大地湾遗址曾发现一幅仰韶文化晚期的居址地画。该画在居址遗址的地面上,分为上、下两部分。上半部分有两个人物,下半部分画有略带倾斜的黑线长方框,框内画着两只向左的动物,头近圆形,头上有触角,身躯呈椭圆形,有弧线斑,还有好几条弯曲的腿与长尾巴。学者们认为上半部的两个人一个是男子,另一个是女子,他俩面对黑线框跳舞。黑线框内是两只爬行动物,应是蝼蛄。蝼蛄是当地民族的图腾神。

澳大利亚土著也有地画。如华拉孟加人各图腾部落在集会举行图腾崇拜仪式时,各据地面的一块。地面先用手抹擦平滑,再洒水扫之;干后以红黄色泥土或描同圆心的圈子,或作线条,以描写自己部落图腾的纹样。

澳大利亚尤其是北部地区曾流行一种树皮画。许多色彩丰富的树皮画表现了他们的古老图腾祖先汪吉纳的像。这种画的制作方法是,先把树皮剥下来漂洗、捶打使其变软,抚平作画布,再以树皮、木屑或羽毛制成的画笔在上面作画。最初树皮画用在遮篷(用树皮搭成的小棚子)上作装饰品。画面表现的有:写实的动物,如袋鼠、飞鸟、游鱼、爬虫甚至人物,也有用点、线画成的几何形图案,这是一些神圣的符号。这些树皮画除了表现历史事件、生活场景外,很重要的一点就是表达土著的图腾崇拜。树皮画平时被收藏在专门的房子里,在成年仪式时,才向年轻的部落成员讲解其含义。

值得一提的是澳大利亚土著的一幅名为《提罗尔湖畔》的树皮画。画面上部的鸟儿有的引颈长鸣,有的整理羽翼,有的低头啄食。它们与袋鼠、蛇等和谐相处。这样一片自由自在的田园风光,反映了各图腾部落的和平相处。

新石器时代的彩陶装饰中,最为突出的是那些有情节的原始彩陶绘画。这些作品以其直观粗拙的形象、巧妙的构图与神秘的感知,折射出原始先民物质生活与精神文化的若干方面。中国陕西渭水流域的姜寨遗址发现的彩陶瓶上绘有鸟鱼组合纹。无论鸟或鱼都以变形图案处理，陶瓶腹部两侧各画了两组简化的鸟鱼图案。这件彩陶瓶画上的鸟、鱼关系，看来处于平等和谐之中，不存在弱肉强食的关系。人们认为鱼为渭水流域部分从事渔业的部落图腾神，而鸟是渭水流域另一些民族的图腾神。鸟鱼组合纹可能反映毗邻而居的不同部落的代表符号，1981 年，在河南临汝县（今河南汝州市）阎村出土的瓮装陶缸上有幅鹳鱼石斧图。图的左侧是一只通身洁白、短尾高足的白鹳，正用其长长的喙叼住了一条鲢鱼的吻部。该鱼全身涂白，不作鳞片。鱼僵直垂立，毫不动弹。因鱼大体重，白鹳身躯不得不稍作后倾，以保持平衡。右侧是一把竖直的大斧，斧头的刃部呈圆弧形，斧头似乎套在长柄上。学者们认为这只陶缸应是该部落酋长的葬具。白鹳是死去酋长所属部落的图腾，而那条鱼应是敌对部落的图腾。可能这位酋长生前孔武善战，他举起那柄作为权力标志的大石斧，率领白鹳部落战胜了鲢鱼部落。后人为纪念这位酋长的功绩，专门为他烧制了一口陶缸，并用图画把他的业绩记录在陶缸上。

三、鬼斧神工的图腾雕塑

雕塑是造型艺术的重要组成部分。旧石器晚期，欧洲已出现许多动物雕塑作品，主要有野牛、巨象、熊、狼、猛犸、犀牛等动物雕像。原始先民用云石、骨刀雕刻于岩壁或骨角之上。图像或作动物全身或作头部写实。无论雕刻技术、描写对象都匀称和谐。此外，从西欧比利牛斯山到东欧

澳大利亚树皮画:《曼翰如顾葬礼中的图腾》1966 年
作者:戴维·马澜纪(1927—1999),曼翰如顾氏族

顿河河谷这一广阔地带，发现了以妇女小雕像为主的圆雕。妇女雕像躯体较大，性别标志特别突出。原始社会的雕刻（这里主要指动物雕塑）如此发达的原因大概有两点：其一是对实物的锐利观察与正确的印象；其二是已具有一定的雕刻技术。

在原始雕刻中，妇女雕像占有不小的比例。埃及巴大里发现的喂奶裸像，是用象牙雕刻的，形象逼真，堪称杰作。印度母神不像其他地域的女神像那么突出生殖器官，却着意刻画头部与颈部上的装饰。很可能，这些装饰是其图腾部落的标记。中国河北滦平县的一座石雕母神像，头部已残缺，形体较小，然乳房突起，双臂作上下交错抚腹状，髋部硕大，阴部张开，意在刻画孕妇临产姿态。这是一种女祖先雕像，带有图腾崇拜的遗风。母神雕像在欧洲各地都有出土，它是旧石器晚期奥瑞纳文化时期的代表性作品。母神雕像小的一般高 5～10 厘米，大的也很少超过 15 厘米。法国洛赛尔出土的《持牛角杯少女》（又称《洛赛尔维纳斯》）是刻在石灰石上的女性裸体浮雕。这尊女雕像丰乳肥臀，手持野牛角杯，似在主持一个庄严的仪式。奥地利的“温林多府维纳斯”，头发被塑成波浪形，雕像裸体肥胖，女性特征突出：巨大的双乳挂在胸前，与肥厚的臀部前后映衬。罗马尼亚的女性雕像，多为臀部肥大的立像。全身刻有楔形、螺旋形、三角形等纹样，这些纹样或许就是图腾文身的反映。世界各地的原始女性雕像都用裸体来表现巨乳、大腹和丰臀，实际是先民们繁衍后代的祈望。

在旧石器晚期的雕刻艺术中，动物题材占有重要的位置。当时原始先民主要从事狩猎、采集经济，不少氏族、部落奉动物为图腾，常祈求图腾祖先佑助自己的成员狩猎成功。为了狩猎成功，人们既要改进狩猎工具，又要细致了解动物的习性，观察动物的形态、行踪。甚至每当猎获后群体分食时，实际上就是一次对动物的解剖。这些活动为他们雕刻动物打下了坚实的基础。因此他们创制的动物雕塑，尽管姿态各异，但往往都均衡适度。如法国多尔多涅地区洞穴发现的《驯鹿和女人像》，反映一位妊娠妇女仰卧在驯鹿后侧。那头鹿被雕刻得惟妙惟肖。鹿与妊娠妇女并列，可能表明驯鹿乃是部落的图腾祖先。德国西南部伏格哈特出土的猛犸牙雕"小马"，那是克罗马农人的杰作。作品夸张地拉长成拱形的颈项，颈项上的马头刻雕精致，形态逼真。小马雕像表面甚为光滑，磨损现象严重，这是人们长期触摸所致。很可能这件小马雕像是原始先民的图腾崇拜对象，人们认为触摸它会带来好运。

原始先民在生产工具、武器上刻雕图腾动物，为的是与图腾同一化，以祈求增加图腾祖先援助的魔力，使生产、战争获得成功。现在出土的看似独立的动物雕像，其实原先很可能是雕刻在某种用具上的。如法国鲁尔洞穴出土的马像，马身上的斑点，可称是当时最美的作品之一。马的后腿部分可能就附在一根矛棒上，可是那矛棒已丢失了。法国布留涅契尔洞窟中发现的《两只相联的驯鹿》，雕刻在长毛象的象牙上。两只驯鹿朝同一方向，伏卧于地，前腿平伸，后腿屈卧，鹿角雕刻在身体的两侧。整个雕像的形体成棒状，是一件极富情趣的优美作品。一般以为这个雕像是附在刀柄上的装饰，但其确切用途仍不清楚。法国玛斯达兹尔洞窟出土的一只《小羚羊》。它的 4 个蹄合并在一起伫立着，凸起的眼眶里镶嵌着眼睛（发现时已无眼睛）。这件用驯鹿鹿角雕刻，用作掷矛的顶端。羚羊很可能是部落的图腾。小羚羊还把头扭向后方，惊奇地发现两只小鸟栖息在其头部。而这两只小鸟正好组成掷矛的钩，构思可谓巧妙。

欧洲各洞窟出现的雕刻物中，最明显表露图腾意义的乃是“指挥杖”和“护符”了。马德来恩洞中的指挥杖为一根平滑的骨块，两面都有浮雕，一面镂刻 4 匹排列着的马，另一面则雕刻 3 匹。末端有一穿洞。护符较指挥杖小，作扁长形，以角器、骨器居多，也是末端穿孔。圣・马斯尔洞出土两只护符。一只护符上雕有疾驶走兽体部；另一只上面刻有 3 组螺旋形的圆圈，并附以鲱鱼的纹样。指挥杖与护符是原始社会中图腾部落悬佩的咒术用具。这种饰物，中国古代也存在过。云南江川地区出土的一件圆形舞人镶嵌圆扣饰，除中央有一个圆形玉石外，内圈与外圈各镶嵌着 3 排绿色的孔雀石。圆圈之间铸造 18 个手拉手起舞的人物形象。这些人物是镂空的，轮廓非常清楚。这些舞人全都穿着带有“尾饰”的衣裙。它与青海大通县出土的彩绘陶盆上的舞人形象十分相似。看来，他们的“尾饰”应是图腾部落的标志。

图腾民族的雕刻艺术，当以图腾柱最令人惊奇。图腾柱高高耸立在原始部落住地的周围，造型怪异而独特，色彩艳丽而醒目，堪称图腾艺术中的杰作。北美印第安人部落中有许多巨大而精雕的图腾柱。印第安人的图腾柱是他们

印第安人的图腾柱

雕刻艺术的精华。在美洲西北部的印第安人村落里，每座房子前后都竖立着图腾柱。这些图腾柱一般用整根雪杉木制成，直径最小的也要一人合抱，粗的则要几个人合抱。图腾柱的高度有的达十几米，低的也有两米多。图腾柱上的图案，有的为动物图形，也有的是一组相当复杂的动物组合图形。图腾柱上刻画的通常是程式化的人物与图腾动物。如印第安人海达部落的图腾柱，上面刻雕着全家人的图腾记号。这是一个鹰图腾家族的柱子：顶端为大鹰，底部为熊形，鹰熊两者属丈夫的图腾；中间刻一狼，为妻子的图腾记号。人们希望在图腾柱上尽可能多地刻上图腾形象，因此不得不把众多的形象叠起来，重点刻画图腾形象头部，躯体与四肢采取分解与移位。分解，就是把某个动物形象从脊、鳍劈开，两个侧面同时出现在画面上；移位，即依据柱体容纳限度，作一定的灵活安排。印第安人海达部落表现虎鲸的图腾柱，上部为人形的鸟，双臂长着翅膀，下面虎鲸的脊鳍上骑着一个人，虎鲸的尾巴按常理已被身体遮住，但为了表现出来，只得移位向后直伸到虎鲸的背上。由于图腾柱背面不雕刻，而把虎鲸的头分解为二，一半雕刻在柱的左面，一半在柱的右边。头顶和牙齿则雕刻在靠尾巴的地位。整个动物形象被作者扭曲了形体。总之，图腾柱是把绘画和雕刻、平面和立体多种造型融合在一起，形成一个综合艺术体。

图腾柱的类别一般可分为两种类型：标志性图腾柱与故事性图腾柱。标志性图腾柱即纪念性图腾柱，它可以纪念一位已故的氏族祖先，或纪念某个部落首领被竖立；部落成员居住的新的长屋落成、某个显赫家庭的新成员诞生等都可竖立图腾柱。纪念死去部落首领的葬礼柱也是一种图腾柱。这种图腾柱一般是立在远离村庄的墓地。柱子上雕刻图腾动物的形象，柱子顶端往往放置一只木箱，里面装有死者的遗骸。

很多故事性图腾柱被用来记述氏族起源的神话故事。如印第安人的一个部落自称是从海中的贝壳里长出来的，于是他们的图腾柱上就着力表现该部落从海中贝壳里生长出来的神话故事。故事性图腾柱还讲述其他的神话故事，如大乌鸦勇敢救少女的故事。北美阿拉斯加乌鸦部落的图腾柱，顶端刻着凸出的鸟嘴中含一鲸头人身的图像。鸟形即其图腾祖先大乌鸦。接着用紫色图形描写大乌鸦救少女的故事。大乌鸦遨游天空，见一个少女在哭泣。乌鸦飞到少女的身边，问她为何伤心，少女回答：大鲸鱼逼她嫁为妻。若不允，大鲸鱼就要吃完海中的鱼，断绝她族人的食料。大乌鸦听后就设下救少女的妙计。他自己装扮成美少女的仆从，保护她出行。大鲸鱼浮出海面，遂背着该女而去。于是大乌鸦就追到大鲸鱼家，杀死大鲸鱼，救出了少女。

图腾柱还是印第安人生活的反映，因此除上述两类之外，还有欢迎柱、墓柱、纪念柱、嘲笑柱与耻辱柱等。例如一个人把自己的家财借给另一人，尔后债务人不能或者不愿意偿还，于是这个愤怒的债权人就竖起一根图腾柱，上面刻着债务人家庭的图腾标志，例如一只青蛙、一头黑熊或一条大马哈鱼。但是债权人却故意在雕刻动物形状或次序时作出错误的安排，被认为是对对方一种带有侮辱性的表示。

如果对方偿还不了财物，这根图腾柱将永远立在村落，倘若对方偿还了财物，这根图腾柱便被销毁。自然这些内容的木雕柱子已经远离我们讨论的图腾崇拜了，可以把它们看作是富有印第安艺术传统的木雕柱。

虽然在中国没有美洲那种巨大而精雕的图腾柱，但中国也有类似的图腾柱。新石器时代的河姆渡文化遗址发现了蝶形器。其实，它不是蝴蝶，而是一种鸟形装饰，用骨、象牙、石雕刻而成。正面磨制精湛，多有花纹，背面则相当粗糙。这种蝶形器有两脊，并有孔，显然它是安置在木柱上的柱形鸟饰。可能是安插在河姆渡文化遗址干栏式建筑上的鸟形图腾柱。绍兴出土的战国时期铜房子，立有一柱，柱上有鸟饰。近代中国台湾高山族的房脊上也安置有一木雕鸟，它可能是中国古代越人信仰鸟图腾的象征。近代云南佤族人在村寨中央的空地上，立有用楮栗树雕成的图腾柱，自称“考词岗”，直译为“木葫芦”。这根“木葫芦”高 2.4 米、宽约 0.38 米，厚仅 0.1 米。图腾柱的形状像个站立的人形，头上竖着两个向内弯曲的牛角，两眼的距离较宽，嘴角上翘，酷似青蛙头，周身用植物纹样装饰，腰以上边缘处布满圆点，柱体用红色涂绘。这根佤族图腾柱反映了佤族的起源。相传远古时候，万物之主叫达梅吉。他养了一头黑母牛。当洪水泛滥时，人们争相逃命，慌乱中踩伤了一只青蛙。善良的达梅吉救了它，青蛙为报答救命之恩，赠送给达梅吉一把刀。达梅吉用这把刀制成了木槽，躲了进去才免于淹死。后来洪水消退，世上只有一个男人与一头黑母牛，于是他们婚配，繁衍的后代就是佤族。其实，这个神话故事反映的是佤族人崇奉牛、蛙为图腾的事实。

由此看来，图腾柱不仅作为图腾部落及其住所的标识，还被用来记述有关图腾部落的神话传说，氏族、部落的由来，祖先创世界的故事，图腾柱好似古代世界的一部大书。

四、多姿多彩的图腾舞蹈与音乐

1. 舞蹈

舞蹈是随着人体的动作和姿态而形成的有一定节奏的、表情达意的肢体语言。由于原始人语言尚不发达，作为人体动作的舞蹈可担负沟通思想、交流信息的任务。原始舞蹈除了再现狩猎生活、战争过程与爱情生活外，往往就是先民的原始宗教祭祀礼仪式的组成部分。跳舞是激励部落宗教感情最有效的手段。在图腾社会里，舞蹈是社会的、部落的舞蹈。图腾舞蹈是氏族、部落群体图腾信仰的重要表现形式之一，它既可对部落成员陈述图腾部落起源的历史，又可让新成员在成丁礼上模仿图腾动作的动作，甚至学习它们的叫声，以对成员进行图腾信仰的教育，永记部落的图腾祖先。

在氏族青年的成丁礼等重要集会上，舞蹈者必须扮成图腾动物的模样，模仿图腾动物的动作，着力表现人们与图腾祖先的亲密关系，并祈望从图腾祖先处获得神秘的魔力。西非赤道的土著捕猎大猩猩时，另一人装扮成大猩猩，表演猎者杀死大猩猩的情形。美洲印第安人每逢出猎，均演舞蹈，表现动物的动作、习惯，以及被猎获时的嚎叫声，或作熊的攀援、水獭的走、水牛的跳、鹿的跃与狐的叫等。这种舞蹈象征先民在狩猎时将对象物猎取、征服的情景。原始先民相信模仿动物的狩猎舞，会使跳舞者获得图腾的威力。这种狩猎舞成为猎取动物的巫术表现形式。有些图腾舞蹈还与祈祝农业丰收有关。中国广西壮族的部分先民尊奉蚂拐（即壮族对青蛙的称呼）为图腾，这是因为青蛙与农耕有密切的关系。壮族很早就有图腾舞蹈——蚂拐舞。演出场地往往在一块大田垌上，舞者戴着各种形象粗犷的面具，穿着各式服装，并有铜鼓、皮鼓、唢呐伴奏，穿插跳跃，表现蚂拐的动作，祈求上天给予风调雨顺。美洲印第安人的图卡哈美人祈求谷物丰收，常常头顶玉米穗跳舞。

中国蒙古族先民的白海青舞是具有特色的图腾舞蹈。白海青（即海冬青，为雕的一种，善捕水禽、小兽）是部分蒙古族先民的图腾。在跳白海青舞时，蒙古族女巫身着白色长袍，双手持白绸巾，翩然起舞，由慢及快，模仿出白海青各种神态动作。忽而双臂轻舒，绕场迅跑，宛如一只白海青在展翅翱翔，盘旋高空；忽而反叉双手膝行卧鱼，恰似白海青回首啄理洁白的羽毛。云南彝族一些部落奉虎为其图腾。虎节时，由 8 个人化装为虎，以黑毡扎于身上为虎皮，脸、脚、手用黑、红、黄颜色画出虎纹，额上还绘一汉字“正”，颈上挂有一个大铜铃。他们在一黑老虎头子率领下，进村跳各种即兴舞蹈，如回环舞、逆流舞。边上有单面扇形鼓伴奏，虎铃合着皮鼓有节奏地跳着，这样连续跳好几天。众黑虎跳犁田、耙地、撒秧、薅草、收割、打谷等生产舞蹈；虎亲嘴、虎交尾、虎护蛋等生殖舞蹈；虎搭桥、虎开路、虎盖房等生活舞蹈。在这种神秘的虎图腾舞中，虎屡被塑造成无所不能的神灵，对全部落起着保佑作用。

澳大利亚土著部落的模拟图腾动物的舞蹈样式繁多，特别是袋鼠舞，舞者动作快捷、跳跃自如，达到较高的水准。连当时的欧洲人看到澳大利亚土著的袋鼠舞都觉得令人叹美。

狩猎、捕鱼的原始先民以为猎获数量很多的动物是图腾神灵的赐予，只要能正确对待这些动物的灵魂，它们就会死后再生，不断造福人们。北美洲西北部的一些印第安人流行大马哈鱼礼仪。每当大马哈鱼渔季开始，这里的印第安人就要在捕获第一条大马哈鱼后举行一个隆重的仪式。仪式中，人们在水边击着手鼓，表演大马哈鱼的舞蹈。这条鱼要指向河流的上游，意思是它以后的大马哈鱼会顺着这个方向游来，而不会掉头回海洋里去。这条鱼烤熟后由众人分食，而鱼骨要完整放回水中。先民认为大马哈鱼的灵魂就在鱼骨上，当它回到自己的家园会对其他大马哈鱼说，它在印第安人部落受到了很好的招待，于是其他的鱼也会源源不断地游过来。如果对大马哈鱼的灵魂不敬，它们来年就不会游来。这些印第安人善待、取悦大马哈鱼的灵魂，以期明年继续丰收，当是图腾崇拜的反映。

类似的舞蹈在澳大利亚土著部落中也同样存在。澳大利亚土著部落为弥补食物不足，要捕食图腾动物袋鼠，用舞蹈表演袋鼠的功绩，以慰藉袋鼠灵魂。同时部落全体成员还要翩翩起舞，以表示向图腾赎罪。

日本阿伊努人也有祭熊的舞蹈。由于熊是他们崇敬的动物图腾，先民在杀熊、食熊肉时要举行祭祀。在未引熊出槛时，男女绕槛合舞，舞者围着圈子，双手置腰部亦歌亦舞。先是屈上半身向前，作45度角，左足前伸，并呼出声音；随后又仰起上半身再呼声，右足前伸。由于俯仰有序，左右足又相互伸展，致使舞蹈动作舒展并有韵律。

以祈求图腾动植物的繁殖为目的的舞蹈，其动作都为想象和象征性的模拟或表演动植物的繁殖。舞者击碎岩石，用碎石摩擦各成员的胸部，象征图腾动植物的生命萌芽；将碎石散布四方，作图腾向四方繁殖之模拟。有时人们还模仿蝙蝠、鹫、鸵鸟的叫声以表示图腾动物的降生。如非洲乌干达人奉蟋蟀为图腾的部落，其成员模仿蟋蟀的动作，以祈求蟋蟀增多；北美印第安人风云部落的成员，模拟霜露下降的自然现象，以祈求图腾族人繁殖；澳大利亚土著恩查尔卡部落，以甲虫蛴螬为图腾。舞者先在身上涂饰蛴螬的形象，并用楣象征甲虫寄生的地方。主舞者或弯曲身体，或跪或走，作蛴螬行走动作，同时伸出双腕代表甲虫的羽翼。有时他还要匍匐楣上，作甲虫攀树枝产卵状。最后，主舞者以下蹲姿势慢慢地走动，作甲虫脱蛹的舞蹈，模拟蛴螬忽飞忽止的样子。他们以为这样的仪式会使图腾动物蛴螬增多；中国西南地区土家族的“茅谷斯”舞，也是一种表现原始繁殖的舞蹈。夜幕将垂，“鬼堂”前燃起一堆熊熊的篝火。合着锣鼓的点子，土家族男女老幼跳起摆手歌舞以娱神灵。当“茅谷斯”的扮演者一出场，跳摆手歌舞的众人就屏息退场恭候。“茅谷斯”是土家族传说中的先祖，人们装扮成“茅谷斯”，便被认为附上了祖先的神灵。于是，舞者每人胯下夹一根草裹着的大木棒，称“神棒”，其实是模拟男性生殖器。当镗锣、大鼓节奏放慢时,“茅谷斯”的扮演者就将夹在胯下的“神棒”反复在地上划动,意为“刷露水”,蕴含“交之于地”之意,以刺激万物生长、求得五谷丰登。继而舞者又将“神棒”慢慢向上翘起,突然猛地甩上肩膀,叫作“搭肩”,也称“翘天”,其意可谓“交之于天”,就是说部落图腾祖先求神交,以求后嗣繁衍。

原始群体均重视舞者的装饰,各群体依据各自的图腾选取不同动物的皮毛、鳞甲作装饰,或戴上假面,或在身上、脚部绘出不同的图腾图案。美洲印第安人有野牛舞、熊舞、犬舞、风云舞等,澳大利亚土著则有袋鼠舞、甲虫蛴螬舞、蛇舞等,非洲土著有蟋蟀舞、猩猩舞及鳄鱼舞等。

此外,还有各图腾部落的联合图腾跳舞集会。澳大利亚土著华拉孟加人的“伏龙魁蛇节”即是。伏龙魁蛇为图腾祖先,但它不是一个部落,而是华拉孟加人各个部落的共同祖先。相传华拉孟加人各部落均为伏龙魁蛇所生,因此与伏龙魁蛇这一图腾均有密切的血缘关系。伏龙魁蛇位于马斯格雷夫山脉一带的水洞中,蛇尾住在洞里,头部则伸延到150英里外。倘若尾部竖起来,伏龙魁蛇的头可没入云际。每当伏龙魁蛇节舞会时,华拉孟加人的两个支族成员有不同的分工:幼流鲁族为主祭式的执行者,是蛇舞的主要承担者;金基里族布置节日场所,又是舞会的观众,幼流鲁族跳舞时,他们在旁奏乐相助。表演者将红色线条绘于背上,他们模拟大蛇动作,或盘屈地面,头部左右摇动;或表演大蛇云游洞外,尾仍藏在洞中。

1973年,中国青海大通县出土一只绘有原始舞蹈图案的彩陶盆，经鉴定为新石器时代的遗物。陶盆内壁的彩绘由 3 组舞蹈图案组成，每组均为 5 人，舞者手拉着手，头面向右前方，右腿向左前方跨出，作翩翩起舞状。每人头上均有一发辫状饰物飘出，臂部亦斜伸出一尖装饰物。从平面图上看，头部饰物向前摆动，臂部饰物向后摆动，显示出舞蹈的韵律协调和节拍一致。许多学者认为这一彩陶盆画所示的是图腾舞蹈。舞者头上及臂部的饰物应是舞者所属部落的图腾动物的象征物，目的是把自己装扮成部落的图腾兽。

祭神的图腾舞蹈是一件十分严肃的事。它常常有整个部落乃至部落联盟的各个图腾部落参加。参加者都要严格遵守舞蹈的程式，决不可出现混乱。倘若出了差错，先民以为整个图腾部落就会遭遇不幸与灾难。图腾舞蹈对每个舞者来说，既是一个人与图腾神灵相交的机会，同时又是一项重要的社会责任。由于动作幅度大、时间长，舞蹈者最终甚至会失去控制，如着了魔似的扭动身躯，宣泄迷狂的心理。人们认为这样图腾神灵就会附于舞者之身，人与图腾才能同一化。

图腾舞蹈的形式，对原始戏剧的产生亦有影响。印第安人雷鸟部落的雷鸟舞，最具戏剧色彩。舞者饰以鹰的羽毛，头戴雷鸟的假面，起舞或作电光闪烁，或作雷鸟叫声。妇女则歌唱雷鸟的神话传说，歌、舞配合协调，形成了戏剧表演。而伏龙魁蛇节的所有舞蹈，都是表演大蛇的神话传说，使部落成员能重温本部落的历史。

在中国的一些地区，如江西、安徽、贵州、广西、山东、河南、陕西、湖北、福建、云南、广东、西藏等地，原始的图腾歌舞逐渐发展为傩，又称傩舞、傩戏、傩堂舞、跳傩、大傩、鬼脸戏、地戏等等。至今，江西、湖南、湖北、广西、贵州等地农村，仍保存着比较古老的傩舞形式。傩舞的表演形式与面具的制作，在藏族的“羌姆”，壮、瑶、毛南、仫佬等民族的“师公舞”中得到了延伸，而发展成为这些民族独特的傩戏表演形式。当然，今天我们看到的傩表演，更多的是娱乐与传统文化，其意义远远超出了远古时期的祭祀。

2. 音乐

人类最初的音乐应是人类的声音，在音乐产生的最初时期，人声比乐器声更显重要，可以认为，最早的音乐当是歌唱。原始人在生产劳动和社会生活中有节奏的呼喊是最早的音乐元素。说到歌唱，它最初不过是有节奏的语言，其最简单的形式是吟诵调，歌词常常是同一呼声或同一言辞的重复。男人的歌声像不清楚的吼叫，三四音便转一调，有时高，有时低，由胸中鼓出气来，口张得很大。女子的歌唱没有这样的高音。原始时期的声乐即由节奏和吟诵调组合起来的简单形式。人们发现因纽特人的一些歌曲，从头至尾只有一连串的“阿姆——纳——哎呀——咿呀”，不少歌曲只是在旋律转折时换上一个词，也许每首歌只有一句词，这词句又常常是所歌颂的神名。

在原始文化中，音乐与舞蹈有着密切的关系。在先民社会中，没有音乐伴奏的舞蹈是罕见的，音乐在表演中占有非常重要的地位。因纽特人常用唱歌、达鼓来伴舞。安达曼人的舞蹈节也是音乐节。澳大利亚土著男子跳“科罗薄利”集体舞时，由本族女子组成乐部伴奏。非洲布须曼人跳舞时，舞蹈动作合着旁观者的鼓点和歌声的拍子。音乐的伴奏对于原始的舞蹈以至原始戏剧、哑剧都是不可或缺的。因此先民们的舞蹈都有音乐、歌声相伴，舞蹈动作与音乐极为合拍、相符。他们的音乐还未成为一项独立的艺术，常与舞蹈联结在一起，形成一种特殊的文化现象。在先民社会中，凡有韵律的动作，都有歌声伴随而来。反之，歌唱的韵律又诱导自身身体的动作。

在原始社会中，音乐、舞蹈与其他艺术一样，主要也是用来服务于娱神的目的。音乐实为原始先民宗教活动的一个部分。他们以为音乐是一种力量，是人所能获得的神赐本质。先民们通过音乐去规定礼仪的方式，把自己与神灵联结在一起，希冀通过音乐去控制包括图腾神在内的各种神灵。《诗经·小雅》中有首诗云：“琴瑟击鼓，以御田祖，以祈甘雨，以介我稷黍，以谷我士女。”琴瑟击鼓是说乐队奏乐，其目的在祭田祖、求降雨、祈求五谷丰登。实际上这是图腾崇拜、原始巫术的一种残余。

可见，图腾舞蹈本身就是图腾崇拜仪式的重要内容，而图腾礼仪中的舞蹈无不与音乐组成合一的表演。澳大利亚华拉孟加人的伏龙魁蛇节、澳大利亚阿龙泰人的成丁礼、北美印第安人达科太部落的野牛舞、德林克特人的跳舞会、波厄布罗人的收获祭以及非洲土著各图腾部落的入社式，都是歌舞同行。中国古书《吕氏春秋》曾记载：“昔葛天氏之乐，三人操牛尾，投足以歌八阕。”葛天氏之所以要操牛尾而歌，很可能是因为崇拜牛图腾。所歌内容当是配合牛图腾祭礼活动的，又是为舞蹈伴奏的。

又如澳大利亚维多利亚地区的土著部落在举行图腾舞蹈时，舞者尚未出现，舞场中一边已有一群司音乐的妇女。忽然一阵乐声，舞者就出现在舞场中央火堆的周围。舞者起舞时，司乐的妇女则列成马蹄形队伍。她们赤身裸体，仅在两膝间缚一张袋鼠皮。还有一个指导者站在她们与火堆的中间，双手各执一根树枝。指导者做一暗号，人们开始起舞，女子一面唱歌，一面敲皮作声。歌声与动作配合得十分恰当。指导者一面手挥树枝作拍子，一面发出一种鼻音。舞者越跳越兴奋，动作也越加激烈。舞者狂跳，妇女的歌声则更加声嘶力竭，她们边疯狂地唱边打节拍。这种走火入魔的音乐、舞蹈，被认为会使歌者、舞者与图腾神灵同一化。

图腾部落的成丁礼，具有教育新成员的用意，因而让新成员学习图腾动物的叫声是较普遍的现象。中国古代音乐起源的传说，无论声乐、器乐，均能寻找出模仿动物叫声的遗风。古代《管子》记载："凡听徵[五声之一，五声指中国古代宫、商、角、徵（zhǐ）、羽五音。它相当于现行简谱的1(do)、2(re)、3(mi)、5(sol)、6(la)]，如负猪豕觉而骇。凡听羽，如鸣马在野。凡听宫，如牛鸣窌中。凡听商，如离群羊。凡听角，如雉登木而鸣。"古书曾记述上古时代黄帝与蚩尤大战于涿鹿。蚩尤队伍中有大批魑魅山泽的鬼怪，于是黄帝命乐人吹角像龙鸣，以镇慑魑魅。

美国得克萨斯州印第安人的狼图腾部落青年，在成丁礼时，跪在地上，由长者授予武器，并被要求模仿狼的样子及狼的叫声。西珂人奉狐为图腾，也要求入社的青年模仿狐狸的叫声。

原始群体对动物声响的模仿，在图腾歌曲中必然会有反应，并且对后世的声乐也会产生某种影响。下面一首曲子《左脚调》（又称鹧鸪调），是云南楚雄彝族自治州大姚县的彝族人在跳舞时歌唱的。其词曲如下：

学者们认为，在彝语中“罗”的平声指龙，“罗”的去声指虎，“哩”作“呀”的意思。所以“罗哩”可译成“龙呀”或“虎呀”，而“罗哩罗”可译为“龙呀龙”“虎呀虎”，或者“龙呀虎”“虎呀龙”。

人类创造乐器的历史非常悠久，但乐器出现的时间要晚于声乐。河姆渡新石器时代文化遗址出土的陶埙、骨笛，距今已有7500年的历史了。中国的《尚书》记有“击石拊石，百兽率舞”之语，说的是用最简单的乐器来为图腾舞蹈的伴奏。原始先民对乐器充满神秘感，认为乐器能通神。一些乐器还能模仿图腾动物发出声响。今天中国西南少数民族中的一些民众使用的乐器芦笙，就是直接用他们的图腾植物——葫芦制成的。

澳大利亚土著各族举行成丁礼的舞蹈会时，妇女为舞者击拍子的鼓，就是各人膝上缚有的一张袋鼠皮，袋鼠正是不少澳大利亚土著部落崇奉的图腾。因纽特人的图腾舞，多用鼓声配合有节奏的动作。鼓的周边及手柄用木或鲛骨制成，上面覆以海豹、冰鹿的皮。而这些动物正是因纽特人各部落信奉的图腾。为了进一步表现歌舞的图腾崇拜，原始民族还在乐器上精心描绘图腾的纹样。北美阿拉斯加的土著在鼓上描绘图腾形象：在鼓的边线绘大线条，中间刻画鲸鱼的图案，其口张大，背后鱼翅直立，下部作小鱼的头部，与图腾柱的描绘全然一致。他们还相信经过精心装饰的乐器会产生图腾神力，特别是鼓、笛等乐器的材料直接取自图腾动物的皮与骨，这样的乐器更具有神圣性。北美一些印第安人认为鼓神与部落守护神一样，监视人类的生活行为，帮助部落成员狩猎获得成功，并能获取生活所需要的一切。有些印第安人崇拜角笛，以为角笛材料取自图腾动物，故角笛会像武器一样打败敌人，还能治疗本部落成员的疾病。

五、奇异的图腾神话传说

图腾神话承袭着一个民族文明的生命密码，万物有灵的信仰视角表达着原始先民们对自然的尊重与敬畏。先民们不了解日、月、星辰的运动规律，也不知晓万物与人类的由来，不清楚本部落的起源，他们按照自己的想象、直觉与感受把可怖而纷繁杂陈的自然世界、人类社会变成一个有意义的可以接受的场所。他们对图腾都怀有一种崇拜、亲密以至恐惧的心理，认为图腾是神灵，可化身为部落的祖先，保佑本部落食物丰足、人丁兴旺、打仗胜利，甚至认为图腾神灵能开天辟地，创造世界万物与人类。原始先民对图腾的种种幻想，构思出许多有关图腾的故事。在文字尚未出现之前，人们只能采取语言表述，口耳相传，经过不断的想象、补充、提炼，最终形成了生动的神话传说。图腾神话大致可分为两大类：

(一) 关于宇宙起源、人类由来的追问

原始时代有关图腾创世的神话很多。中国云南哈尼族有大鱼、青蛙创世的神话：大海中一条大鱼，把右鳍往上一甩变成了天，左鳍向下一甩，就成了地。它的身子一摆，从脊背送出 7 对神和一对人。男的叫直塔，女的叫塔婆，由于天地不平，神就把天犁平了，可是地却耙不平，耙落处成了大大小小的山峰，犁沟成了深浅不等的山谷，浸水的山谷变为湖泊与河流。直塔和塔婆生了 21 个孩子，有 18 个是人，其余 3 个为虎、鹰、龙。龙当了龙王，他就给塔婆 3 竹筒东西。第 1 个竹筒是金银铜铁和珠宝；第 2 个竹筒是稻谷和草木；第 3 个竹筒是牛、马、猪、鸡和飞禽走兽。神用牛的眼睛变成闪电，牛的皮变为响雷，牛的眼泪成露珠，其鼻涕变成雨水，气息成了云，牛的两颗尖牙变成启明星与北斗星。其他牙齿成了满天星斗，而牛的四腿成了东西南北的顶天柱。青蛙开天造地神话则说，天地是青蛙创造的。青蛙吐出的沫子和吐出的骨头变成陆地，青蛙的臂上屙一泡屎变成了天，黑眼珠成为太阳，白眼珠成了月亮，血洒在天上变成了星星，血肉变成了云雾风雨。

北美洲印第安人有银狐创造世界的传说：长尾狼及银狐都住在天上。一天银狐用矢凿开天层，探看海水。不料

矢从凿开的洞空中坠落海底，狐随之而下，便在海上面上造一小岛。狼看见狐坐在岛上，也要求下来，于是狼也下到地面。由于该岛很小，狼和狐难以居住。银狐就用足奋力踩，岛变大了。它先踩东方，复而北、西、南，岛越来越大了，成为现在的陆地。世界创造出后，银狐又创造了人类、动物、树木、泉水等。

北美印第安人锡亚部落把创造世界的功劳记在蜘蛛身上，传说最初世上只有一个生物，就是蜘蛛苏西斯汀纳歌。它从北到南拉了一条线，然后再拉一条东西向的线。蜘蛛在第一条线的西面、第二条线的北面分别放了两个小包裹，然后它就坐在包裹旁边唱歌，歌声低沉而甜蜜，两个包裹竟然摇动起来为其伴奏。后来，两个包裹中各走出来一个妇女。蜘蛛继续唱歌，人类出现了，随后兽类、鸟类和昆虫出现了。但那时没有光，人们不敢来回走动，怕互相践踏。这两个妇女，一个为印第安人的母亲，另一个是所有其他民族的母亲。蜘蛛把人分成氏族。有谷族、狼族、熊族与鹰族等等。蜘蛛创造大地后，又用白贝壳、绿松石、红石和鲍鱼壳造就了太阳，用浅黑的石头，各种黄石、绿松石和红石创造了月亮。

美洲印第安人米沃克部落有郊狼创造人类的神话：郊狼把世界改造好后，就考虑创造人。它召集狮子、灰熊、棕熊、雄鹿、小羊、海狸、猫头鹰、鼹鼠等动物聚会商量。狮子说希望人像它那样有可怕的嗓子，能使所有的动物害怕，它希望人全身长毛，脚上有尖爪，牙齿要坚固。山羊说希望人头的两边有卷曲的角。海狸说人应该有一条宽而平的尾巴。猫头鹰说人没有翅膀就没有用处。鼹鼠说人不应有眼睛。轮到郊狼时，它说其他动物都很蠢，它们各自要把人类变成像它们自己一样。郊狼认为人应比其他任何动物要好看。人应当有 4 条腿、5 个手指；人要有响亮的声音，有眼睛、耳朵；人不应有尾巴、皮毛；人的爪子应能抓住东西；人还应有郊狼的才智、灵巧。于是每一种动物就根据自己想法着手造人。它们各自拿起一块泥土，按自己的形象捏出人来。工作停止时，动物们都睡着了。但此时狡猾的郊狼却不休息，它先把其他动物塑造的泥像全毁坏了。然后赶紧在土块上浇水，再捏土造人，到早晨，郊狼的泥像完成了，它又赋予泥像以生命。这样人被郊狼造成了。

在许多原始先民看来，天地万物都是由图腾创造的。图腾氏族的各种起源中，动物起源的神话比例最高，流传也最广。中国有"天命玄鸟，降而生商"之说。东夷族有鸟生该族的传说，故以鸟为图腾。中国南方的一些民族奉狗——盘瓠为祖先。因盘瓠杀敌立功，帝以女配盘瓠，生六男六女，互为夫妻，成为祖先。《隋书・突厥传》说有一牝狼衔肉给一男儿吃，使其免于饿死。后来男儿与牝狼交合，狼有孕，生十男，为后来突厥人的祖先。生活在漠北大兴安岭深山密林中的鄂温克人长期过着狩猎的游牧生活，凶禽猛兽既是他们的食物来源，又给他们带来巨大的灾难，使他们恐惧与敬畏，流传于他们中的"狼精与三姑娘"的故事，核心情节是狼与人结合生育后代，他们把狼的后代解释为本群体的祖先。

美洲、非洲的原始部落也有许多这样的传说。印第安

畲族图腾祖先盘瓠生子求赐姓

人德林克特部落谓其族来自人与熊的交合。柏柏人传说其祖先与鳄鱼结合,由此繁衍。阿拉斯加的萧克士族相传其祖先萧克士入山,为一雌熊所捉。雌熊把他藏匿起来,避免雄熊的噬害。后来萧克士与该雌熊交合,生了许多男孩。萧克士回家后,忘记了雌熊。雌熊一发怒,咬死了萧克士夫妻俩,独自养育它的孩子,后来其孩子成了萧克士族的祖先。印第安人海达部落传说,大乌鸦酋长从海边拾到一只海贝,与其结合产生一只雌海贝。酋长又与这只雌海贝相交,从此产生了印第安人。非洲加纳地区的阿比族传说,一个名叫印撒那的渔夫夜间出外打鱼,捕获一条阿比鱼。印撒那要把它杀掉时,鱼说:“请不要杀我,我将成为你的妻子。”阿比鱼变成了美丽的少妇,与印撒那结婚,生下的子孙,即是阿比族的祖先。

图腾神话中还有大量植物造人的故事。中国云南的少数民族有“葫芦生人”的神话。傣族神话说,荒远的古代地上什么也没有。天神见了就让一头母牛和一只鹞子到地上来。后来母牛生了 3 个蛋就死去,于是鹞子便孵蛋,其中一蛋孵出了一个葫芦,人就是从这个葫芦里生了出来。拉祜族神话说,天神厄莎创造人类时,就是用自己种的葫芦。葫芦长大后发出了人的声音和歌声,厄莎叫老鼠在葫芦上咬两个洞,人便从葫芦里走了出来。

提起苗族,人们首先想到的是枫树。枫树是苗族的图腾,苗族的湘西方言把枫树称为“道米”,黔东方言称为“道莽”,“道”是树的意思,“米”“莽”都是妈妈的意思,合起来就是母亲树。在苗族的枫木歌中一个故事:讲述的是枫树由栽到被砍，然后化为蝴蝶、鱼等动物的过程。故事说古代的树种都在苟老神仙屋里，后来种子屋被大伙烧个精光，种子跑到天上去了，在雷公的家里住了 3 年，在月亮的家里住了 3 年，在哈道神仙家又住了 3 年。因为哈道开鱼塘，树种随着水流出来，又被风吹落到地上。苟老把种子从东方挑到西方。枫树种子被栽到了池塘边，种子发芽了很快长成了大树。鹭鸶与白鹳来到树上做窝，它们偷吃鱼塘的鱼。鱼塘主人友婆说是枫树所为，请来理老断案，最后断定枫树不是窃贼，却是贼窝，因此枫树被砍倒了。之后枫树的树枝、树根、树梢、树疙瘩、木片等都分别变成了其他的物种。有首歌这样唱道：

枫树倒了，
百种东西从枫树生出来，
千种东西从枫树生出来，
我们看枫树生什么东西？
树根变成了鼓，
树干生妹留（蝴蝶），
树尖变金鸡，
树心变成博桑与博啥（两人是传说中的聪明人）
树皮变蜻蜓，
木片变蜜蜂，
树包包变成了猫头鹰，
大树根变成龙，
小树根变成了泥鳅。

另一版本却有另外一种的描写：

树枝变成了布谷鸟，
树根变成了黄鹂，
树梢变成了鹳宇鸟，
树叶变成了燕子飞，
树疙瘩变蝉儿鸣，
木片变成了鱼种，
…………
枫树心心生妹留，
妹榜（与妹留同，指蝴蝶）生从树心来，
还有一些树皮屑，
都变化成臭虫了，
还有一些树皮垢，
变化成些虱子了，
树桩桩儿变铜鼓，
还有一些长须根，
他们通到麻哈（地名）去，
变成申勇英雄汉。

可见，在叙述枫树垂死化身的时候，所化身的物种有所差别。从上述两首枫树歌来看，枫树所幻化之物，共同点有鱼、蝴蝶。这种图腾神话有人把它称为幻化型神话，即神话描写的人与动植物能够互化，在这种人与物互化的思维方式基础之上，进一步产生了图腾化身为万物的神话，苗族的枫树歌即是如此。

西南太平洋上新不列颠岛的土著人说：两个渔夫夜间出海投网，捞到一棵黍树，拿回家植于屋前。黍树长大后忽然裂开，产一女子。渔夫发现她后，就强与其婚配，其子孙成为该岛土人的始祖。澳大利亚维多利亚的土著部落相信他们的始祖是从橡皮树的枝和瘤节所变成。中国少数民族也有以植物为部落图腾的神话。夜郎国的神话说，一女子在遁水洗浣，有 3 节大竹流入足间，闻其中有哭声，剖竹一看，得一男儿。这个男儿便是以竹为姓的夜郎侯。

另有些部落氏族既不奉动物为其图腾，也不奉植物为图腾，而是把非生物当作图腾祖先。美洲雅诺马米人有月亮造人的神话。他们的神话说，很久很久以前，世上只有鸟兽草木而没有人。一天月亮神出了血，血落在地上，被风一吹，成了一个个胞衣似的泡泡。次日，初升的太阳照在血泡上，血泡自动开裂，从里面跳出一个个人来。这些人就是雅诺马米人的祖先。中国云南少数民族中传说，有个妇人名叫沙壹，常捕鱼，一次触到水中沉木而孕，遂产子 9 人。后来这根沉木抬起头来，变成一条金光闪闪的巨龙，龙对沙壹说话时，8 个儿子都吓得四处逃窜。只有小儿子未走，还背着它玩耍，龙因而舐他背脊。长大后诸兄长因小弟为父舐过背而聪明机灵，便推举他为王。他们分别娶了山下一夫妇的 9 个女儿为妻，各自带着妻子去了不同的地方生活。后来由于山川阻隔、交通不便，他们的语言与生活习俗均发生很大变化，从而形成不同的民族：汉族、彝族、白族、藏族、哈尼族、傈僳族、拉祜族等等。古代高句丽也有这样的传说:夫余王得到了河伯(河神)的女儿,把她囚禁室内。河伯女受日光照射,感而受孕,产一大卵。有一男婴破壳而出,名曰朱蒙。夫余王和大臣认为朱蒙非人所生,要杀他。他被迫逃往东南方,在该地建国,自号高句丽。这则神话说的是朱蒙既是河伯的外孙,又是太阳之子。

通过对图腾神话的梳理,我们可以看到,图腾与氏族的亲缘关系常常是通过氏族起源的神话来体现和强化的。图腾神话的主要意象是对于万物起源特别是人类自身起源的追问,是先民按照其独特的原始思维逻辑来观察和思考自然、社会和人的结果,无论是相信自己的祖先是作为氏族图腾的动植物化身或转世,还是受益于某种动植物而把其看作本氏族成员,或因动物和人的某种相似之处产生的亲缘关系的联想,所有这些神异动物、半人半兽的形象、人兽交媾和人兽变形之类的图腾神话,都反映了先民们的所见、所感、所思以及体验和探求,是他们面对许多自然现象无可奈何时产生的关于世界的根本观点:即控制世界的不是“人”,而是某些与他们命运相关的生物或非生物,相对于人类的蛮荒时代,这种朴素中透着浪漫的图腾神话代表着原始的文明。其时,当现代人面对茫茫宇宙思考生命的由来时,我们与古人没有什么根本的区别,人类不停探求的精神和自由驰骋的思维模式亘古不变。

(二) 以万物有灵的视角表达对自然的尊重与敬畏

远古时期,人类的生存状况远比我们想象得残酷,他们用怎样的视角看待自然与人类自己? 透过图腾神话,我们可以看到先民们选择了万物有灵的信仰视角,将人类与自然视为一体,将动物界以及自然界中的万事万物人格化、神圣化,视其为提供他们安身、繁衍的依托,于是他们下江敬江神,入山拜山神。日月星辰,山川湖海,所有自然界的事物都被赋予了和人一样有灵性的生命体。这种复杂的多神崇拜观念是以渔猎为生的原始先民功利的生存需求。

美洲印第安人易洛魁部落传说蛇有神力,能治愈部落中的病人,因而把蛇当作图腾崇敬。阿拉斯加土著有雷鸟的传说,他们的神话传说以前印第安人没有固定的住所,后来有人发明了造屋的方法,先竖起不少柱子,最后要把一根很长的横梁架于其上,可是大家都不知该怎么架梁。天上的雷鸟知道了,就用其大而弯曲的喙钩衔着梁,架到柱上,从而建成屋宇。井美辛人的熊部落,有黑熊教人捉鲑鱼、造独木舟的传说,故他们奉熊为图腾。

原始部落中还有不少关于图腾动物援救该部落,使其脱离险境的传说。相传,中国贵州的苗族先民,有一次全陷进了一个大洞穴,难以逃脱。这时有一只老鹰从天上飞来,把苗族先民救了出来,苗族因此得以生存、繁衍。于是,苗族奉鹰为神鸟,以谢其恩。非洲土著芳特斯人传说,其先民中有一妇女嫁到远地。一天她回故里省亲,途中遭遇强人扬言要杀她。该女子危在旦夕,这时适有一只鹦鹉大声叫喊,强人以为救助她的人来了,就放过了她。该女感谢鹦鹉的救命之恩,对鹦鹉极为崇敬,从此形成了芳特斯人崇拜鹦鹉的习俗。非洲撒尼可拉人也有蛇救部落的传说,古时候,撒尼可拉部落发生了一场可怕的瘟疫。人们一个接一个倒了下去,最后只剩下一对年轻的夫妻。他俩也罹疫倒地,奄奄一息。这时有一条红色的小神蛇爬出，先后缠在他俩的脖子上。这一缠真灵，夫妻俩转危为安，恢复健康，重新繁衍了撒尼可拉族。于是撒尼可拉族的子孙就奉蛇为图腾。中国古代还有一则非生物的白石救羌人的神话。说的是一次羌人被邻近的部落打败，逃到岷江流域。不料，他们又遇到了葛人部落。葛人身材高大，发如马鬃，拖有尾巴。他们屡次挑衅羌人，并把羌人捉去撕裂。羌人无法对付，本欲逃遁。时值其首领做一梦，梦中神灵告之，用白石投击葛人，击中他们就会死去。于是羌族众人暗自寻找白石，出其不意地攻击葛人，把葛人全部消灭，从此羌人便奉白石为图腾。

在中国南方一些民族中，包括侗族、布依族、壮族、苗族等等，都有寻找谷种的神话。布依族寻找谷种的神话是这样的：茫耶往西方天脚神洞寻找谷种，他走了七天七夜，路上战胜无数毒蛇猛兽。又走了七天七夜，得到了白胡子老人送的神马与神犬，在悬崖上找到了金钥匙，在白果洞得到了宝剑，半路杀死了怪兽，用灵芝引诱开阻拦在河边的神石牛，终于找到神洞，找到谷种。归途中茫耶累死了，神犬继承了他的未竟事业，把谷种带给了人们。

侗族的神话有两个版本：一种说法是：人们派狗渡海到东方去盗谷种，狗到了东方，在谷种堆里打一滚，让谷种沾满全身后赶紧往回跑，没想到被守谷种的人发现后追了上来，狗仓皇跳入海中，当它上岸时，身上的谷种大多已被海水冲走，仅剩尾巴上还留有几颗。另一说法：燕子与蛙去南海取谷种，燕子半路上睡着了，青蛙取回了谷种，归途中，狗帮着背谷种过河，不料谷种掉进了河里，是蚂蟥帮着到水底捞回了谷种。

水族的寻找谷种神话与布依族很相似。湘西苗族的寻找谷种神话名称为《翼洛》。翼洛是一只神犬，它受神农的命令去西方恩国偷谷种。翼洛千里迢迢到了恩国，在谷仓中滚了一身谷种。当它往回跑的时候，恩国国王追了过来，神犬咬死了国王，把谷种带了回来。神农为了感谢翼洛，将女儿嫁给了它。

居住在东北的达斡尔族人也有类似的神话。这些神话，共同点是犬从远处取回谷种。比较而言，侗族的神话（第一种说法）更接近原始，犬是唯一的主人公。其他的在不同程度上变异了。寻找稻谷种子的神话，应该是稻作文化在神话中的反映。可以说狗与农耕没啥关系，先民们为什么要让狗去寻找稻谷呢？只有一种解释，那就是对狗的崇拜，狗是他们的图腾。因为图腾是祖先，是神，图腾有义务给族人带来幸福。从中我们看到，狗寻找谷种的神话是稻作文化与犬图腾崇拜相结合的产物。

在中国东北鄂伦春人生活的山林中，总能见到大树根部削掉一块树皮，上面画着一张老汉的脸，这是鄂伦春人心中的山神“白纳恰”的形象。鄂伦春树木图腾的神话，讲述了鄂伦春人在受到魔鬼侵扰时，是白纳恰从天上飞来，教会他们驱除魔鬼，使用弓箭狩猎。从此，鄂伦春人每当出猎时不但要祭祀山神，在路上看到山神标志，都要洒酒祭拜，以祈求平安。时至今日，他们依然保持着对树木的崇拜。

鄂温克人的图腾神话《熊为何风葬》，讲述了这样一个故事：有一天，上天让人与熊比力量，结果人拿不动一块大石头，熊不仅轻松拿起大石头，还把它抛到很远处。上天看到这一切，生怕熊会欺负人，就把熊的大拇指切断了，熊哭着说，我没有了大拇指我将怎么生活啊？上天说你可以吃野果呀。熊又哭着说，我没有了大拇指，以后肯定打不过人，人一定会杀我，但我希望杀了我以后，千万不要把我的骨头像其他野兽骨头那样乱扔。上天同意了熊的要求。从此，鄂温克人打到熊以后必须把熊骨风葬。如果不风葬熊骨，熊就不进洞，不冬眠，这样人就打不到熊，而且还有可能会被熊吃掉。由这则神话可见，熊是鄂温克人的图腾，但为了生存需要不得不猎杀图腾物时，先民们是惶恐不安的，他们希望通过对熊的祭祀、祈祷，希望熊灵在保佑他们生命的同时，给他们带来狩猎的好运。

除上述内容的图腾神话之外，也有些是描写原始先民图腾信仰、生活劳作的诗歌。中国古代的《诗经》中不少诗歌涉及图腾崇拜观念。《诗经》中的一些诗歌明显带有图腾信仰观念。如《小雅·黄鸟》：

黄鸟黄鸟，无集于谷，无啄我粟。
此邦之人，不我肯谷。
言旋言归，复我邦族。

这首诗反映中国远古先民思念宗族故国之意。中国上古时代不少部落奉鸟为图腾。《邶国·燕燕》一诗中也有反映，诗中说：“燕燕于飞，颉之颃之。之子于归，远于将之。

瞻望弗及，伫立以泣。”燕地在今北京燕山一带，为殷氏族发祥地，这首诗表露了其怀念和赞美祖先的情感。

澳大利亚的土著部落不少以袋鼠为图腾。猎人们夜间在营火旁边，追思日间狩猎的快感，常诵诗造词，这首《袋鼠诗》的大意是：

这袋鼠跑得真快，
但我却比它更快。
这袋鼠真肥，
我吃它，
袋鼠呵！袋鼠呵！

大洋洲波利尼西亚土著部落也以诗歌赞颂他们的图腾雄鸡：

夏威夷是斗鸡场，雄鸡们在场中争斗。
酋长在斗——深红色的雄鸡半夜里也醒来作战。
他是肥硕的雄鸡，这位酋长是完全的。
在烟屋里头取暖，直到烘干的羽毛沙沙作响。
颜色时时变幻，犹如五彩的船桨。
他奋跑向前搏击时，那羽毛只顾一起一落。

该诗歌用“好斗的雄鸡”比作酋长，从中可感触到图腾崇拜的余韵。

中国西南部的彝族先民流传下来的古歌《撵山歌》唱道：

追麂子，
扑麂子。
敲石子(敲石取火)，
烧麂子。
围拢来，
作作吃。

这首简单的古歌生动地揭示了彝族先民打猎、捕捉并煮食野兽的过程。同时也多少展示了狩猎部落的生活情趣。中国远古先民还有歌颂南风的歌，叫《南风歌》，相传为帝舜所作，实际当是上古时代的民歌。这首歌颂南风的歌，当是原始图腾部落对南风崇拜的遗风：

南风之薰兮，
可以解吾民之愠兮；
南风之时兮，
可以阜吾之民财兮。

第六章　图腾　社会　习俗

漫漫人生路，总要迈出关键的几步：诞生、成年、婚恋、死亡，人们在不同的生活和年龄阶段，一般都要举行相应的仪式，完成向下一阶段的过渡。这些仪式和礼节就是人生礼仪。在保留图腾信仰和习俗的民族中，人生礼仪与图腾崇拜息息相关。由此形成了一系列复杂的社会民俗事象。

一、生至死的礼仪

1. 生之神秘

妊娠、诞生作为人生的开端之礼，在人生诸仪礼中占有重要的位置。人是从哪里来的，这一问题困扰着古往今来无数的心灵。处于蒙昧时期的原始先民，对于人类的生育，不知道是两性关系的作用，而认为是某种神秘力量进入妇女体内的结果，这是图腾民族的一个十分重要的观念。在中国的古史中，这种图腾感应的神话不少。姜嫄履迹感生的故事便是其中的一例。相传远古时代黄河之滨的一个氏族部落里，有个叫姜嫄的女子。有一天，姜嫄去野外采集花果，忽见地上有一行巨大的脚印，看上去很像熊留下的，她从来没有见过这样大的脚印，心中又惊又喜，于是就顺着这行大脚印踩来踩去走了一遍。谁知到了夜里，她忽然觉得肚子不舒服。更神奇的是，第二天她的肚子居然凸了出来，不久她生下了一个男婴。姜嫄又羞又怕，就悄悄地把孩子丢弃在野外。过了一些日子，姜嫄又出去采集，突然她听到荒野中传来婴儿的哭声，姜嫄拨开草丛一看，原来就是她丢弃的那个婴儿，孩子没饿死，而且奇迹般地长得十分健壮。姜嫄顾不得什么羞耻，毅然把孩子抱了回来。因为这个孩子曾被丢弃在野外，于是大家就叫他“弃”。弃就是史书记载的上古时期教民种植百谷的“后稷”，也就是周人的开宗男始祖。

此外，还有“吞物感生”的传说，即女性无意中吞食某种图腾物而导致受孕。例如《白虎通义·姓名篇》载：禹姓姒氏，祖以薏生；殷姓子氏，祖以玄鸟子也。说的是禹的母亲因为吞吃了薏苡（一种多年生草植物，夏日结子，每穗子甚多，相传有“宜子”的功能），于是受孕生下了禹，所以夏人就以薏苡为图腾，并姓“姒”；商族的先人是因为其始祖母简狄吞食了玄鸟（玄鸟的初始形象类似燕子）子（卵）而生下了契，所以商人就以玄鸟为图腾，并姓“子”。《诗经·商颂·玄鸟》所谓“天命玄鸟，降而生商”即指此事。

与中国先民的图腾感应相类似的是澳大利亚土著的图腾转世观念。澳大利亚的阿兰达人就有这样的信仰：其图腾祖先在漫游大地时，把“婴儿魂”（又称婴儿胚胎或图腾魂）遗留在各地的石头里、水池中树木上。如果妇女，特别是已婚的妇女在走近这些地方时，婴儿魂便可进入她的体内，她便怀孕，所生子女便属于该地的图腾。所以在阿兰达部落中,婴儿既不继承父亲的图腾,也不继承母亲的图腾。他的图腾取决于其母感到受孕时与某一地点有关的图腾。这样,所有的婴儿都被看作是图腾的转世。另一些图腾部落甚至认为,妇女怀孕无须接触某一图腾,只要在任何地方,视某物即会感孕。譬如有些澳大利亚土著相信,妇女有时看到一闪即逝的袋鼠就能怀孕,并把这只袋鼠看作是真正的图腾祖先。这种图腾交感、图腾转世的观念,很容易引申出"图腾即是我,我即是图腾"的观念。

正是由于原始先民没有认识两性在养儿育女中的作用,所以出现了种种离奇的求子习俗。这种习俗在近现代一些民族中仍有残存。印度喀拉拉邦人以敬蛇神闻名,如不育,夫妇俩就到附近的蛇神庙去,将刻有自己姓名的青铜器恭敬地献给蛇神。他们认为,这样蛇神就会把孩子赐给他们。非洲有个奉蜜蜂为图腾的部落,他们的求子活动则放在结婚仪式上。在举行婚礼时,让新娘喝用蜜酿的酒。他们认为这样做,蜂神就能使新娘像蜜蜂一样地多产。

石图腾崇拜在原始氏族是一个较为普遍的现象,至今保持石崇拜的民族仍有不少,最典型的是中国的纳西族、藏族和白族等。在中国,四川木里藏族自治县俄亚乡的纳西族,则把村东北山坡岩穴内一凸出的钟乳石,视为男性生殖器象征,称之为"久木鲁",意为"生孩子的石头"。"久木鲁"顶端有一积水的凹坑,不育或未育的妇女以喝水的仪式祈求生子,举行这种仪式时,必须由巫师、丈夫和结婚时的伴娘陪同。哀牢山地区以龙为图腾的彝族,在河里、水塘里洗浴,设法与象征龙的石块接触,或坐、或踩均可,把自己的衣服拴在上面也可。他们相信只有与龙石接触,才会具有孕育的能力。白族以石屋供奉巨石,称作“石头皇帝”。人们认为石头皇帝不仅是人类的主宰,而且管辖着野兽和山神。云南大理白族自治州剑川县石钟山石窟第八窟的莲座上,供奉着一块女阴形石块,称“阿央白”(白语“阿央”意为姑娘,“白”意为生殖器,“阿央白”即女性生殖器)。每年宝山山会期间,不育的妇女都会远道而来,向它顶礼膜拜,祈求子嗣。这是白族石图腾崇拜的一个表现,也是生殖崇拜的一种表现。

求子习俗无论是基于生殖崇拜还是神灵崇拜,其目的都是祈求一种人格化的超自然力使妇女生育。婴儿落地,氏族就要举行诞生礼,庆贺新的生命的诞生。有些图腾民族认为,新生婴儿是图腾之子,因此必须举行与图腾有关的仪式,只有这样,婴儿才会受到图腾的保护。据说,奉狼为图腾的乌兹别克人为了减轻妇女分娩时的痛苦,会把晒干碾碎的狼心让产妇吞食。婴儿出生后,人们立即用狼皮裹起来,以保证孩子长命。以后要在小孩的摇篮四周挂上狼牙、狼爪,用这些东西为孩子驱邪消灾。

2. 古怪的成丁礼

成丁礼,又称成年礼、冠礼,也是原始时期的图腾入社仪式。入社仪式是一种神圣的图腾认亲仪式。这一仪式的主要目的在于使图腾相信入社者从此就是它的“子”或“兄”,从此便可受到图腾的保护。这种仪式基于人即图腾、图腾即人和人与图腾可以相互转化的观念。图腾群体的成员,到达一定年龄,就要举行入社仪式,然后才被正式承认为群体中的一员,接受群体的一切权利和义务。

根据现有资料分析,图腾群成员的入社仪式千差万别,但有共同点。其共同点大致有两项内容:一是部落长老向新成员讲述图腾群体的历史和与之有关的神话传说,讲述图腾禁忌、习俗礼仪等等,目的是使新成员树立起图腾观念和图腾信仰,以崇敬的态度对待图腾;二是新成员要扮成图腾模样,模仿图腾物的动作和声音,以图腾舞蹈等形式举行一系列仪式。

在澳大利亚的原始民族中,每一部落都有自己的成丁礼,下面我们以阿兰达部落男子成丁礼为例。阿兰达部落男子成丁礼的整个过程分为四个阶段,第一个阶段是比较简单的和不伤人的仪式,主要是给男孩涂上油脂,然后接受训诫,并施以穿鼻手术。第二个阶段是割包皮的仪式。这是对一个或两个男孩举行的,整个部落群体的男子都参加仪式。手术后的某个时间,男孩被带到离居住地很远的森林中,进行作为男子的一系列教育,还得遵守极其苛刻的食物禁忌。之后,待回到居住地五六个星期或更多一些时间,再举行成丁礼的第三个阶段,它的主要内容是再在男孩的生殖器上割一切口,这就标志着此后他就是男子汉了。成丁礼的最后一个最复杂和最隆重的阶段是恩格乌拉典礼,火的考验在其中占了中心地位。与前几个阶段不同,这次是部落的全体成员都参加,甚至有临近的部落成员参加,但参加者仅为男子。这次的考验是让成丁者一起躺在篝火堆上,他们需要全身赤裸地在热气和烟雾中一动不动地、不能出声也不能呻吟地躺四五分钟。在仪式结束之前,还要举行舞蹈表演。

上述材料可见，阿兰达人的成丁礼经过了四个仪式段落，时间跨度是从十来岁到三十来岁，贯穿了一个人的全部生理和心理的成熟过程。通过这一系列仪式，年轻人便被造就成一个符合部落规范的新人。岑家梧在《图腾艺术史》中讲到，托雷斯海峡的图腾氏族的成丁礼富有图腾色彩，参加者戴上象征图腾的假面具跳舞，先有舞者三人，从图腾圣地出来，走到新入社的少年面前，第三人所戴的假面具，往往作鲨鱼的形状，即象征图腾动物。此外在新几内亚，以鲸鱼或大乌鸦为图腾的人们在举行成丁礼时，专门建筑鲸形或大乌鸦形的房屋，让成年者穿梭其间。印第安人在举行成丁礼时，必须首先熟悉对图腾的各种权利和义务，还须熟悉各种图腾舞蹈和礼仪。他们模仿熊、犬、野牛等的动作进行表演，他们相信新成员参加跳舞以后，便得到特殊的魔力。倍松在《图腾主义》一书中描述说，北美印第安人中有的部落在举行成丁礼时，必须模仿图腾形象，如狼氏族的少年，用狼皮裹着身体，与其他同样装束的伙伴混在一起，两手按地，装作四足行走，并模仿狼的叫声。然后部落成员教他搏斗、杀戮，总之是教他学狼的样子。有时新成员为表明他对氏族的矢忠，特意取图腾兽的血以作盟誓。一般来说，接纳青年男子入社的成丁礼是十分隆重的，为了培养男子具有成人的素质，要强迫他接受一系列的考验，如使其脱离群体，放逐于森林或荒野，历经艰苦生活的磨炼，这种“隔离”仪式往往以图腾神的名义举行，其过程有时十分残酷，贯穿着“死亡”和“复活”。这种情况在当代民俗学上称之为“拟死再生”。法国学者利普斯(Julius E. Lips)在《事物的起源》一书中说到了印第安人曼里部落的钩悬仪式：曼里人的房屋有四根中柱，参加成丁礼的年轻人都被用绳子缚在钩上吊起来，悬挂在一根柱子上。他的身体赤裸，手执巫术袋，钩上还悬着盾牌。当悬挂完毕，便由一个随从将他旋转起来，他因旋转而虚脱，然后一个旁观者高呼"死了"，便把他弄下来放在地上，如果他真的死了，就被认为是被"大神"带走了，如果他苏醒了便被认为是神让他再生。英国人类学家弗雷泽认为：这种"拟死再生"的成丁礼源于图腾崇拜，其目的是要让人和一个动物、一个精灵，或其他强有力的神物建立相互感应关系，使人能把自己的灵魂或灵魂的某一部分安全地寄存在对方身上，并且又能从对方身上获得神奇的力量。

非洲加纳境内有个叫加洛阿的部落，他们所崇拜的图腾叫"西亚"，据说"西亚"住在森林里，形状和颜色都像蜥蜴，但比蜥蜴大得多。它的模样只有经过成丁仪式的人才知道，对外人是绝对保密的。所以每个参加成年仪式的人都必须接受部落酋长的特殊审问。

"你是否宁肯受最可怕的处罚，也不泄露'西亚'？"

"是的，我准备忍受一切！"

"如果我割掉你的一只手，挖掉你的眼睛，压碎你的手脚，你会泄露吗？"

"决不！"

说到这里，酋长会示意旁边的助手，用藤条等物没头没脑地抽打赤条条的少年，直抽得紫块遍体、鲜血淋漓才住手。这时，酋长继续问：

“痛不痛?”

“不痛。”

“要是有人这样抽打你,你不会泄露‘西亚’吗?”

“不,决不泄露!”

“好,你有伟大的精神。”

至此,受礼者才算是通过了考验。成丁礼上对参加者的残酷考验可能是因为源于当时险恶的生存环境,一个合格的成年人必须具有特别的意志、能力和体魄才行。

在中国云南,瑶族男子到 16 岁左右,也要举行一种相当于成丁礼的“度戒”仪式。瑶族人的传统观念认为,未经过度戒就不算成年,不能参加社会活动,不能成家立业,生前无神灵保护,死后将沦落为孤魂野鬼。瑶族人在选定度戒吉日后,便在村边搭一座“云台”,受戒者由度师引上云台,正襟危坐,然后度师诵经求神,受戒者与度师对天发誓:不冒犯盘王祖宗,不违背天意,不杀人放火,不偷盗抢劫,不奸女拐妇,不虐待父母,等等。然后几个度过戒的人拉一张铺有被盖的藤网站于云台下,度师喝一声“度下来!”受戒者即全身蜷曲,两手交叉紧扣膝盖,置头于两膝之间,由云台上翻滚而下,跌入藤网,众人迅速将他包裹起来,一会儿再打开,象征受戒者由天降生。翻云台的含义与“拟死再生”是很相近的。

基诺族的小伙子在成丁礼时,要在他面前摆上两小包用芭蕉叶包好的牛肉,这是剽牛祭祖的祭品象征,可谓为祖先同意接受他为村庄正式成员的“批准书”。因为在基诺族的传统观念中,人是祖先“特洛丕矛”做的,他既创造了人的肉体，也赋予其肉体以灵魂，一个人由婴儿长大成人，都是仰仗“特洛丕矛”的保佑和恩赐。因此举行成丁礼时必须剽牛祭祖，然后把牛肉分为若干份，使全寨人都能吃到，以此表示人人都能得到图腾祖先的福荫。

以文身的方式作为成年的标志，是许多民族成丁礼的重要内容，这一习俗最初也起源于原始先民的图腾崇拜。澳大利亚塔斯马尼亚人的青年男女举行成丁礼时，其肩、大腿、胸部都被划破，搽以炭末。南太平洋的萨摩亚人成年时即请人为其文身，全部手术需经历好几个月。非洲布须曼人的男孩到青春期便开始文身，巫师在其额上刺出表示属于某一部落的特殊标志。中国云南的傣、基诺、德昂、布朗、独龙等少数民族，直到中华人民共和国成立前还保留着文身习俗，傣族男子在十四岁左右，家长即请一个有文身经验和技术的人到家里来施术。文身的部位多为腰部与四肢，刺有龙、狮、虎、象、鹿等动物图案。

在成丁礼中，年轻人往往被要求打上本群体图腾的标志，以区别其他部落民族的人，也区别于本群体的未成年人。中国壮族中以牛为图腾的群体有一个明显的标志，就是凿齿，即拔去上颚一齿或两齿，使自己与牛一样，这是与牛的认同。凿齿是在男孩、女孩长大成人时进行的，以表示他（她）们正式加入该图腾氏族的成人行列，享受该氏族成人应该享受的权利，承担作为氏族成员应承担的义务。因此，在这个群体中，凿齿不只是个人的事情，而是牛图腾氏族的一个重要仪式，关系到牛图腾氏族的兴衰。在图腾制的发展时期，这种仪式是相当隆重的。其实，凿齿在世界各地的牛图腾氏族中也都曾有过。俄国革命家、理论家普列汉诺夫说：巴托克人拔掉自己的门牙是为了与牛认亲，以求得牛图腾的保护。巴西有个叫作特苏·卡·拉密的部落，这个部落中十四十五岁的小伙子都要敲掉上下门牙，装上一个椭圆形的木塞，作为图腾的标志，即唇盘。为什么要在嘴上装上这个东西呢？人们百思不解，但如果我们从图腾崇拜的角度看，就可以恍然大悟，原来他们在模仿猪呢。

在图腾群体的成丁礼中，在新成员的身体某一部位标上徽记，这种做法并不鲜见，印度的兰巴第人、巴希亚的瓦什库克人和秘鲁的马约鲁纳人，举行过成丁礼后，都要戴上鼻环、鼻栓、鼻须、耳环等图腾标记。

原始时期的图腾入社仪式实为人类社会最早的成年礼仪。

3. 爱的礼仪

通过成丁礼后，青年男女便获得了婚恋的权利，进入择偶、成婚这一人生的重要阶段，婚礼就是伴随着这一过程所举行的礼仪。婚姻发展史表明，人类社会在它的发展初期，两性媾合是一种自然现象，这种关系还不能称为“婚姻”。以后，随着社会的不断进化，男女之间的媾合渐渐形成某种规范，并在此基础上产生了相应的婚姻制度和形成某种特定的婚俗，与此同时，一些民族的宗教观念、图腾意识也渗透到了婚礼之中。

中国东北的鄂伦春族过去有一个奇怪的习俗：男女相亲时，女方最关心的是男方的图腾是什么，如果图腾不同，则可通婚；若图腾相同，则不能婚配，这种婚姻规则便是图腾外婚制。

所谓图腾外婚制，就是禁止同一图腾群体之间互相通婚，是图腾社会的一项不成文的婚姻法。例如，虎图腾的成员不能与虎图腾成员婚配，熊图腾的男子不能娶熊图腾的女子。在图腾社会中，图腾外婚是人人都必须遵守的规则，违者将受到严厉的惩处。

傈僳族有虎、雀、木、鼠、猴、熊、蝉、鸡等氏族，每个氏族都有自己的图腾，每一个氏族都必须在别的氏族中寻找妻或夫。同氏族的婚恋被认为是触犯习惯。在丽江地区石鼓镇新华村的傈僳族，鼠氏族只嫁唐(蝉)氏，李氏则与和氏通婚，如果嫁给其他氏族，则在出嫁的那天，新娘要披狗皮。这种情况在 20 世纪 90 年代还发生过。

澳大利亚约克半岛的考拉莱人不但禁止与自己图腾相同的人联姻，而且也禁止跟祖母、外祖父、外祖母图腾相同的人联姻，违者都要受到惩罚。在澳大利亚、非洲和美洲的许多部落，对同图腾者发生性关系的，或被开除族籍，或射杀，或砸死，毫不姑息。

由于图腾外婚制形成甚早，距今已十分遥远，遗留至今的事例已不多，但从上述例子中，我们还是可以看到原始时代普遍实行过原始的婚姻法——图腾外婚制。图腾，不但影响到了原始时代的整个婚姻制度，而且也影响到了具体的婚礼仪式。

法国学者倍松在谈到部落民众追求与图腾同体化表现时，讲到北美印第安人在举行婚礼时，用图腾兽的皮摩擦新娘、新郎的身体，或在举行婚礼之前与“图腾树”举行假结婚的仪式。中国云南的怒族，结婚时所择的吉日，多为属龙、属蛇之日，因为龙、蛇皆为怒族的图腾，对它们怀有亲切感、信赖感。怒族传说，蜂与蛇交配生产怒族的女始祖茂充英，后来她又与虎、蛇、蜂、麂交配，所生子女分别为虎氏族、蛇氏族、蜂氏族、麂氏族。从这一观念出发，自然视龙、蛇为吉祥、兴旺的象征。

中国的布朗族中有一个美丽的传说：上古时，布朗族的氏族首领打猎时碰到了一个龙女，深为她的美丽而迷恋，而龙女也为他的武艺折服。于是，龙女来到了首领家，但每天一早，龙女总要飞回远方的大海娘家，有人想出了一个使她长住寨中的主意。一天，龙女刚进寨子，寨里就发出了震天的呐喊声，龙女见状，掉头而逃，谁知路上堆满了一个个草垛，她只好左钻右钻，在草垛中寻路逃命，这样钻来钻去她身上的鳞片全掉了，再也逃不了了。布朗族的后裔为纪念这件事，在婚礼上要举行新娘进新郎家门前先跨草垛的仪式，不难看出，这个龙女实际上就是龙图腾的姑娘，跨草垛的仪式，可能是图腾意识在婚礼上的表现。

在中国、朝鲜、韩国、日本和东南亚一带，人们在举行婚礼时新婚夫妇要喝交杯酒，溯其渊源也与图腾意识有关。交杯盏古称“合卺”，郑玄、阮谌在《三礼图》上说：“合卺，破匏为之，以线连两端，其制一同匏爵。”匏，即葫芦，破匏，即指葫芦瓢，为什么夫妇在结婚时要交瓢对饮呢？据说，这个仪式象征夫妇如伏羲、女娲那样出自葫芦又成为一个合体的葫芦，将来死后两人的灵魂同归一个葫芦。闻一多曾说：“伏羲、女娲，名虽有二，义实只一。二人本皆谓葫芦化身，所不同者，仅性别而已。”葫芦是华夏人最古老的图腾。这个交瓢饮实际上是对图腾祖先的朦胧追忆，而流传至今的婚礼上的交杯酒可能就是古代交瓢饮的衍生。

4. 魂去来兮话葬礼

丧葬仪式是人生的最后一次仪式。在原始先民看来，人死是返回到自己的图腾祖先那里。正因为原始先民都有轮回的信仰，因此他们都视死如生，葬礼中贯穿着浓厚的图腾意识。

在北美印第安人中，图腾的信仰与轮回转生的信仰是混合在一起的，人死后，尸体与其信仰的图腾物像一并下葬。在奉雷为图腾的部落中，人们习惯在亲属死后将尸体火葬，他们认为火葬时，火焰直冲天上，可通达雷图腾的出源地——天空。阿玛哈野牛部落中，人死后要以野牛皮裹尸，并在其头部绘上图腾标记。葬礼上，巫师祈祷说：“你既来自兽界，返诸兽界吧！”易洛魁人的响尾蛇、鹿、熊、沙土、水、烟火等图腾部落的葬礼，是祈求死者灵魂变为响尾蛇等图腾。在印第安人中，人体埋葬后，死者的墓碑上、棺木上常常刻有图腾图形。如北美阿拉斯加以南的印第安人，常在墓碑上刻上鲸、鹿、熊等图腾图案，墓碑的下方，刻有死者的形象与一些图形线条，被认为这是死者的生平介绍。在澳大利亚的马拉与安易拉部落中，人们常常把死者埋葬在树干内，并在这棵树上刻上被葬人的图腾。

澳大利亚的土著认为人死是全氏族的一大灾祸，非流血不可。全氏族举丧直到把尸体送到坟墓。到了墓前，死者的近亲要毁伤自己的身体，并做出种种姿势，表现死者的图腾及部落的历史。墓碑上刻上图腾形象或在坟上插上木桩，木桩上也刻上图腾形象。葬礼之后，氏族中还要举行大会餐，大家取食图腾动物，甚至取食死者的肉体。有时还要为年轻人举行图腾加入仪式，以表示一个新的成员接替死者，成为这一图腾群体的成员。

古老的氏族血亲传统和观念习俗，是一种极为鲜明的文化心理力量，亲人的死亡最容易掀起感情的波澜，激起血缘家族和氏族的内聚力。这种心理力量，在丧葬仪式中通过一系列礼仪，得到不断的加强和巩固。中国云南东部一带彝族以竹为图腾，所以这一带的彝族人大都用竹子制作祖先灵位，对此，在祭神中还有专门的说明：

牛失牛群寻
马失马群寻
人失竹丛寻

即说其祖先由竹而生，死后又变为竹林，与竹有血缘关系，故人死后以竹为灵位，表示其灵魂仍归其宗，以此增强了家族乃至整个群体内部的向心力。在一些彝族地区，葬礼中还有取“福禄水”的仪式。祖先灵位送到墓地之后，即由巫师率其子孙去取“福禄水”，取回供在祖灵前。所以彝族人初次见面时，要先问对方是何处取“福禄水”的，这是追述宗谱的意思。在一些民族的丧葬仪式中，还存在“送魂归宗”的习俗，这种习俗同样也起着强化群体情感的作用。世代与藏族混居的永宁、泸沽湖地区的摩梭人，他们的丧葬仪式中，有为死者亡灵引路的先锋队。这些先锋队员身披甲胄，臀部挂一根牦牛尾巴，摇头摆尾，模仿牦牛的跳跃动作，发出“噢噢”的牦牛叫声。据摩梭人的达巴教（泸沽湖地区摩梭人的原始宗教，与丽江纳西族的东巴教有密切联系，不过达巴教的发展比东巴教缓慢，其形态亦比东巴教原始，基本上保持着原始部落宗教的特征）讲，摩梭先民最初的发祥地名叫“斯布阿纳瓦”，藏语为“公介哩”，大体上是在今青海、甘肃、四川的交界处。据巫师讲，丧葬仪式中，开路先锋队员的臀部系牦牛尾巴，是为了把死者的亡灵准确地引上祖先迁徙的路线。他们的先祖亡灵见有牦牛尾的亡灵才会认其为自己的后裔，这条牦牛尾巴是他们亲属相见相识的标记，而人系牦牛尾也表示他们源出牦牛，是牦牛的后裔。

在葬礼上追述民族历史的情况在中国其他民族中也存在。中国的许多少数民族都有自己的迁徙史，如彝、白、纳西、哈尼、傈僳、基诺、普米等族系由陕甘宁高原迁来，苗族由湘、黔、川迁来，瑶族系由两广迁来，壮、傣、布依、藏等族，在历史上也曾发生过不同程度的迁徙。迁徙是一个民族维持自身生存和求得进一步发展的必然手段，民族的迁徙经历成为这一民族难以忘怀的“历史情结”。那已成为遥远记忆的祖先故地和流离颠沛的迁徙经历，通过史书、传说和礼仪，世代相传。丧葬仪式中的灵魂归宗，把图腾、祖先故地和彼岸世界联系在了一起，引起人们对自己群体历史的追忆，是增强群体内凝聚力的有效手段。

可见，图腾民族从妊娠到丧葬，都有图腾仪式，这种图腾观念支配了这一群体成员的生活，规定了他们对外部世界的种种行为，也构成了他们的生命要素，给他们以生活的愉悦。

二、图腾与习俗

（一）神人共娱——图腾节日

在近现代的一些民族中，有许多富有民族特色的节日，我们从这些节日中可以看到远古时期先民们图腾祭祀仪式的痕迹，并从中了解到原始先民的信仰、生产、生活、社会交往和思维意识。

1. 鸟节

据英国人类学家弗雷泽介绍：美国加利福尼亚的印第安人，每年有一次盛大的节日，叫作配恩斯（即鸟会），即为鸟图腾举行的一种宗教仪式。节日时间选定后，人们便立即准备一个专用的庙地，把鸟带进庙地放在专门建好的祭坛上，然后所有的年轻妇女，都在祭坛前跑来跑去，好像疯了一样，老人们则在旁安静地观看着，头人们脸上涂着颜色，并用羽毛装饰起来，围着他们供奉的鸟跳舞。这些仪式完成后，他们就杀掉鸟，剥下鸟皮和羽毛保存。鸟的尸体被埋在庙地的一个洞里，年老的妇女聚在鸟坟周围，恐惧地号哭，并把各种植物种子和食物扔到坟上。人们相信，鸟儿会复活，杀死它多少次，它就能繁殖多少倍，每年鸟会中杀死后献祭的鸟都是同一只雌鸟。从这个鸟会中，我们看到印第安人的鸟节是他们奉行的图腾繁殖仪式。

2. 印度的蛇节

印度有蛇庙、蛇村、蛇舞、蛇船赛，每年还有蛇节。祭拜蛇神是印度古老的宗教仪式。

印度各地举行蛇节的方式与时间不尽相同。一连串的节庆中较为盛大的当属在印度马哈拉施特拉邦桑伽利市的雪拉莱城所举行的印度蛇节,举行时间是 7 月到 8 月间的第 15 天。据说这个小城是全世界蛇最多的地方。关于庆典的传说是这样的:有位农夫在耕作时,不慎杀了条小蛇,母蛇为了报复,来到农夫家中,只见农夫的大女儿正在虔诚地膜拜蛇神,母蛇受其诚心感动,决定放过农人一家,并答应庇佑这一家人。每年 8 月份的蛇节,雪拉莱的市民不分男女老少,统统会不约而同到郊外去捕一次蛇,他们将捕来的蛇集中放置到一座古老的庙宇里"囤积"。吃过晚饭后,他们就会来到庙宇里,争先恐后徒手捉起一条蛇或数条蛇,步出庙宇外开始尽情狂欢,与蛇共舞。

尽管许多人会被蛇咬伤、缠伤,但他们却引以为豪。人们认为,被蛇咬或被蛇缠住预兆着今生今世无灾无病。人们沐浴后用泥巴和牛粪分别在木头及墙壁上画上蛇的图像,献给印度教神话中的巨蟒,并在蛇洞旁倒上牛奶,献上米制的甜点。刚出嫁的女儿也会在庆典举行时,回到娘家与家人团聚。

另外,在印度南部的喀拉拉邦,人们会对 Ananta 和 Shesha 两条蛇的石像加以膜拜,许多民众家中甚至供有银制或铜制的眼镜蛇塑像,他们也同样会献上牛奶及甜点祈求庇佑。同时有一种有关蛇的吉庆活动,即喀拉拉邦河兰慕拉、乾帕库兰、科塔雅地区传统的欧南节(Onam)蛇船竞赛,其盛况犹如我国端午节的龙舟竞赛。显然,蛇节的种种现象反映了人们蛇图腾崇拜的痕迹。

3. 蚂拐节

蚂拐即青蛙，蚂拐节又称“蛙婆节”“敬蛙节”。蛙是中国广西壮族的图腾。壮族把青蛙称为蚂拐，认为蚂拐是女神，是雷王的女儿，掌管雨水，使大地风调雨顺。蚂拐节有着悠久的历史，这个节日在广西红水河中段的天峨、南丹、东兰、巴马等县流传至今，这是一个典型的蛙图腾祭祀仪式。

蚂拐节从农历正月初一开始，历时一个月左右。整个过程由找蚂拐、祭蚂拐、孝蚂拐、巡游玛拐和葬蚂拐等组成。

第一阶段是找玛拐、祭玛拐。正月初一黎明，人们就敲着铜鼓成群结队去田里找冬眠的青蛙。据说，先找到青蛙的人是幸运的，被誉为雷王的女婿“蚂拐郎”，成为该年蚂拐节的首领。首领要带着大家点燃烟炮，以向雷王报告人间祭蚂拐的喜讯。之后，人们把蚂拐密封于“宝棺”(即一节毛竹筒)内，送到停放蛙婆的凉亭——蚂拐亭。

第二阶段是给孝蚂拐，称“孝蛙婆”，或“祭蛙婆”。这一阶段，人们每天晚上来到凉亭，唱蚂拐歌，跳蚂拐舞，还有男女青年唱情歌。这个活动中有一个重要的内容就是祈求人丁兴旺，含有生殖崇拜的内容。也许有人会问，为什么在请来蚂拐之后，要把它们弄死，这不是很残忍吗? 其实这是祭祀图腾的一项重要的内容。在东兰，人们把请来的蚂拐放在铜鼓面上，用鞭炮把它炸死；在南丹人们用桃木夹子把它活活地夹死，还有的用竹鞭打死。这些举动在今天看来不可思议，而在图腾民族的心目中，非这样就不能达到祭祀的目的。杀祭的意思是让图腾的灵魂去通报天神，传达人们

广西蚂拐节

的祈求与希望，杀祭仪式是人们与至尊祖先之间最重要沟通方式。

第三阶段是巡游蚂拐。人们抬着蚂拐游村串户，到各家各户去祝贺新年，唱蚂拐歌，讲吉利话。每到一家，主人必须献出米、腊肉、糍粑等食物。最后，人们把蚂拐送回凉亭，之后大家在凉亭前会餐。这是古老的“图腾圣餐”的遗习，人们认为吃了这顿饭，就会吉祥如意，逢凶化吉。

第四阶段是葬蚂拐。一般为蚂拐守灵 25 天后，即举行葬蚂拐仪式，这是蚂拐节的高潮，下葬前，村寨的长者要打开上一年埋葬的蚂拐“宝棺”验尸，如蚂拐的尸骨呈黑色或灰色，便被认为是今年年景不佳的预兆，便要烧香祈祷。如蚂拐的尸骨是金黄色的，则被认为是好征兆，人们便敲起铜鼓，青壮年们模仿青蛙的姿势跳跃起舞，向天神表达敬意，在喜庆中人们把新蚂拐安葬了。整个节日活动到此结束，春耕也就开始了。从中我们见到，壮族生活的地区，稻米种植是人们最主要的经济活动方式。稻米从播种到成熟，要经历寒暑、旱涝，要抵御各种病虫害和一切不可知的灾祸，于是人们用自己的虔诚以感动上苍，祈求年年风调雨顺，岁岁五谷丰登，四季人畜兴旺。蚂拐节反映的是壮族这个稻米民族特有的文化情结。

4. 龙舟节

在中国民间，上古时期遗留下来的图腾节日习俗，影响最大的恐怕要算龙舟竞渡了。

上古时期奉龙为图腾的百越人，生活在中国东南沿海一带。古时，这一区域鳄鱼甚多。直到唐代韩愈在潮州做官时，还书生气十足地写了一篇《祭鳄鱼文》，文中说："而鳄鱼睅然不安溪潭，据处食民畜、熊、豕、鹿、獐，以肥其身，以种其子孙。"可见这种鳄鱼是大家伙，不是今天尚存的扬子鳄。古越人为方便从事"水事"——捕捞鱼虾、螺蚌，不得不断发文身，把自己的身体装扮成龙（鳄鱼）的样子，以求与之和平相处，避免其伤害，这正是越人奉鳄鱼（龙）为图腾的表现。

龙作为一种图腾，人们必然要对它进行祭祀。根据现在能看到的一些资料和能见的一些现象，我们认为古越人对龙图腾有过非常庄重的祭祀仪式。

在古越人的心目中，龙为神物，能上天下地，能大能小，能明能隐，能变颜色和化为其他动物，龙有的生活在水中，有的活动在陆地上，还有的潜伏在山中。因此，人们在各种不同的场合祭祀龙，如对山中的龙举行山祭，奉龙为图腾的壮族，如遇到兵匪、洗劫、水旱、虫灾、瘟疫流行等天灾人祸，便认为是龙脉受惊动，就要打醮安龙，祭龙时间多为农历二月。"陆祭"多在龙王庙举行，如遇旱、水灾，人们便在龙王庙祭祀或求雨、求晴。"赛龙舟"实是"水祭"，一般在水边举行，也有在船上。人们在赛龙舟时，使用一种长而狭的像龙一样造型的船，称为"龙舟"，或"龙船"。在古代，这种船是用独木雕刻而成的，船头船尾雕刻成龙、凫、鹘等雕像，参加祭祀的人，在船上敲锣打鼓，穿着一种特殊的装束。人们一边划船，一边把供品抛入水中。原始时期，祭祀时的供品可能是人头或活人。人们认为，让龙吃了人，便可以与人相安无事。《三国演义》中有一段情节，描写诸葛亮征战中祭泸水，用米麦做馒头代替人头，抛入泸水中，这可能是西南地区龙图腾祭祀的遗俗，可以认为诸葛亮举行这样的“水祭”，是尊重少数民族的信仰风俗，以便争取人心。

这样的水祭，在中国古文献中有记载，《周书》上早在公元前 11 世纪周成王时，就载有“于越献舟”的事例。闻一多在对端阳节赛龙舟起源的考证中也说，端阳节是断发文身的古越人举行图腾祭的日子。

关于端阳节的起源，《太平御览》卷一四五引《襄阳风俗记》说：“屈原五月五投汨罗江，其妻每投食于水中以祭之。原通梦告妻，所祭食皆为蛟龙所夺，龙畏五色丝及竹，故妻以竹为粽，以五色丝缠之。今俗，其日皆带五色丝，食粽，言免蛟龙之患。”这种说法一直流传于民间，其实是一种误会。应该说，划龙舟原为越人的图腾观念，后来越人在龙图腾观念淡化之后，划龙舟才成为人们的一种娱乐活动。至今，在越人后裔的一些民族中，划龙舟仍还残存着一些古代“水祭”的遗风，如开船前烧香，而且时间并不是五月初五。在江南，有些地方划龙舟是在农历正月十五举行的。云南的傣族，在傣历六七月泼水节时，即农历清明节后 10 日左右，也举行赛龙舟的活动。贵州清水江一带的苗族的龙船节，是在农历三月二十四日至二十六日，可见这些民族的划龙舟与纪念屈原无关，显然他们的节日渊源另有出处，这些龙舟节的源头应该是水祭蛟龙图腾。

（二）图腾历法

原始先民在生产与生活中，创造了许多原始历法，这些历法中，有相当一部分与图腾文化有关。

原始历法与图腾文化为何会有关系呢？我们知道，历法是推算日月星辰运行，以定岁时节令的立法。原始先民在从事采集、农耕、狩猎的生产劳动时，常常根据他们所信奉的动植物等图腾的活动规律来安排狩猎与农事，由此形成了许许多多的原始历法，如鸟历、兽历、木历、水历、月历、干支历等等。据记载，在中国云南纳西族人居住的地方，有一种叫“衣衣孜尔”的候鸟，每当春天来临时，它会从高山直飞坝子栖息，以后随着季节的变化会变换羽毛。于是，当地纳西族人就依据这种候鸟羽毛颜色的变化来安排狩猎和农业，因此纳西人把这种鸟称为“光明幸福”的圣物。《东巴经》中还专门有赞扬此鸟的经文。

北美的鄂吉布瓦人也使用过鸟历，如到南方过冬的鸟类开始在 4 月出现，在 10 月以前又大批地消失，聪明的鄂吉布瓦人便利用鸟的这种迁徙规律，安排捕捞、狩猎和农事，也由于这一原因，他们的 24 个氏族中，有 8 个氏族以鸟作为图腾。

日月星辰的变化，也是原始先民计算日辰的根据，由此形成“星历”“月历”。先民中有不少部落、氏族以星星或月亮为图腾的。据专家考证，中国从夏、商、周代，都有以星星为图腾的氏族。缅甸、印度尼西亚巴厘岛的土著也曾将月亮奉为圣物，每当新月出现时都要举行祭奠祝颂的仪式。在此基础上，他们逐渐创制了“星历”与“月历”。

中国文化史中的“十二兽历”，大约是家喻户晓的纪年方法了。十二兽历(又称生肖纪历)不仅在中国的许多民族中流行过，古印度、古巴比伦、古埃及、古希腊等文明古国也曾用过十二生肖纪历，他们崇拜的十二种动物与中国的情况有很多不同。下面请看十二兽历举例(刘尧汉:《彝族社会历史调查研究文集》,民族出版社 1980 年版,第 80—81 页):

国名	族别		
中国	汉族		鼠、牛、虎、兔、龙、蛇、马、羊、猴、鸡、狗、猪
	蒙古族		鼠、牛、虎、兔、龙、蛇、马、羊、猴、鸡、狗、猪
	哈萨克族		鼠、牛、虎、兔、龙、蛇、马、羊、猴、鸡、狗、猪
	维吾尔族		鼠、牛、虎、兔、鱼、蛇、马、羊、猴、鸡、狗、猪
	傣族		象、牛、虎、鼠、龙、蛇、马、蚁、猿、鸡、狗、猪
	彝族	桂西彝	龙、凤、马、蚁、人、鸡、狗、猪、雀、牛、虎、蛇
		哀牢山彝	虎、兔、穿山甲、蛇、马、羊、猴、鸡、狗、猪、鼠、牛
		川滇彝	鼠、牛、虎、兔、龙、蛇、马、羊、猴、鸡、狗、猪
		黔彝	鼠、牛、虎、兔、龙、蛇、马、羊、猴、鸡、狗、猪
	黎族	海南通什市(今五指山市)毛道乡	鼠、牛、虫、兔、龙、鱼、肉、人、猴、鸡、狗、猪
		崖县(今海南三亚市崖州区)槟榔乡	鼠、牛、虫、猫、龙、蛇、马、羊、猴、鸡、狗、猪
古印度			鼠、牛、狮、兔、龙、蛇、马、羊、猴、鸡、狗、猪
古巴比伦			猫、犬、蛇、蜣螂、驴、狮、公羊、公牛、隼、猴、鳄、红鹤
古埃及			牡牛、山羊、狮、驴、蟹、蛇、狗、猫、鳄、红鹤、猿、鹰
古希腊			牡牛、山羊、狮、驴、蟹、蛇、狗、猫、鳄、红鹤、猿、鹰

看了这张图表后，也许我们会产生许多疑问，为什么远古先民要使用十二兽历法，为什么他们只选择了十二种动物作为生肖，而没有选择其他的动物呢？为什么彝族与黎族的一些群体把人兽同列？显然，人兽同列的情况表明，原始人还没有把自己同自然界区分开来。后来社会发展了，有些群体已脱离了野蛮或原始时代，已不把人入列十二兽，但他们的意识里还是把人同马、牛、羊、猪等看作为兄弟。关于十二兽历，很多专家都作过探讨。中国学者董家遵于1946年发表的《古姓与生肖同为图腾考》一文中指出：最古老的姓只有十二姓，而这十二姓又源于十二兽的名称，十二兽即古代社会的图腾。他认为：鼠为“偃”姓的图腾，牛为“媿”姓的图腾；虎为“妘”姓的图腾，兔是代替麒麟而成为十二兽之一，因为麒麟曾是我国古代周族“姬”姓的图腾。周朝建立后，统治者独占了这个图腾，于是另用兔来代替麒麟；龙为“姺”姓的图腾，蛇为“妃”姓的图腾，马为姽姓的图腾，羊为“姜”姓的图腾，猴为“妫”姓的图腾，鸡与凤为同种，而凤是妀姓的图腾，狗为“嫚”姓的图腾，象为“姒”姓的图腾，后来猪代替了象。

彝语专家刘尧汉在彝族社会历史的研究中，根据彝族的图腾与哀牢山虎街山神庙纪日“十二兽”壁画、彝文《母虎日历碑》等文献，指出十二兽历起源于原始的图腾崇拜。他说：十二兽历法起源于原始时代的图腾崇拜，是原始人从作为图腾物的各种动物、植物、无生物、器物（如猪槽）、自然现象（如风、雨、黑、光明、水等）当中，选择十二种作为纪日的名称。他认为虎、羊、龙三种动物被作为图腾是很典型的例子，而十二生肖的其他动物，除猴之外，另外八种动物成为图腾崇拜的对象，与虎、羊、龙这三种典型或多或少有相似之处。蛇凶猛灵活，行动迅速，不避雨水，常常伤人；鼠灵活敏捷，繁殖力强，昼伏夜出，啃啮粮食，破坏资源，它们与虎相似，都曾给先民的生活、生存造成威胁。而狗、猪、鸡、牛、马、兔、马都属于先民们驯养的主要家畜，先民在生活上对它们的依赖性较强。至于猴，它既不像虎、蛇那样对人造成伤害和威胁，也不像猪、羊那样成为先民的主要生活依赖物。它的形象、动作与人最接近，这大概是猴进入十二生肖的原因。中国不少民族都有关于人是从猿猴变来的传说，这种传说可以用来解释猴进入十二兽历的原因。

那么，为何其他动物没能荣幸地成为后来的十二生肖呢？由于历史的久远与资料的匮乏，我们很难作出详细的解释。但有一个原因可以考虑，那就是各图腾群体的不断融合，使得图腾崇拜的对象不断变化，十二生肖既然属于图腾崇拜的范畴，自然也不会脱离这种规律的变化。如云南哀牢山彝族自古以来就使用的十二兽历，基本上与汉族的十二生肖相似，但没有"龙"这一变形动物，却有"穿山甲"。又如百越人崇拜的"龙"，并非汉族的"龙"，古人对"龙"的解释也不完全是我们今天所说的虚拟的"龙"，而是源于对一些水中动物的目击。古人对"龙"的形体生性特点的记述与鳄鱼是吻合的。鳄鱼这一图腾大概在十二生肖正式形成之前，就已经融合到"龙"这一综合图腾中去了。

刘尧汉先生记述了哀牢山及其邻近地区的彝族使用十二兽纪日、纪岁的情况。例如，说某日为虎日、兔日、马日、牛日，等等；某人出生于虎年、兔年、马年、牛年等等。纪日十二兽的原始狩猎、农耕及其图腾意义，集中反映在哀牢山上段南涧彝族自治县南境虎街附近一座山神庙的壁画及其祭祀活动中。此庙正壁中央上端有红土为底版的一个黑色大虎头。虎头左下侧起首依次为虎、兔、穿山甲、蛇、马、羊；右下侧起始是猴、鸡、狗、猪、鼠、牛，每兽的大小与上端的虎头基本相等。平时该庙周围各彝村某家的牲畜若生病，人们会自行就该畜的属日前往祭祀。每隔三年的首月即虎月的第一个虎日，远近各彝村联合举行一次大祭，各村巫师也全集聚于此。白天，由年长的巫师主祭，将所祭羊头割下投入龛前火塘烧烤后，剥取额骨占卜。如果额骨表面显现象彝文羊字“（十）”裂纹，便预示母虎神将于当晚降临。当晚，庙外有男女青年歌舞，表示欢庆以母虎神为首的纪日十二兽神的降临。庙内，年长的女巫师为首，率领群巫（6～12人），举行以虎为首纪日十二兽神的舞蹈，气氛十分庄严。参加舞蹈的男女巫师，按传统需要十二人，即一人代表一个兽神。舞蹈开始，男女巫师列为一行，各持一柄扇形羊皮鼓，为首的女巫师头戴虎头面具，紧跟后面的一个男巫师则腰插虎尾。在巫队一侧由一男巫师手持葫芦笙，当为首的女巫师击鼓起舞时，笙乐吹奏虎啸声，群巫按笙乐节奏舞蹈。舞蹈情节是由为首的女巫带头表演仿效十二兽的声音与动作，以象征纪日十二兽神的降临。舞蹈的高潮部分是虎神降临，并以猛虎扑马、牛、羊、猪、狗的动态与呼啸声，最费力也最精彩。由为首女巫师一声长啸，腾空跳跃而至以显示猛虎的威风，其他男女巫师则表演被虎扑的各兽惊惶奔逃的状态。十二兽神舞蹈以浓郁的生活气息，反映了十二兽历法起源于原始时代的狩猎、农耕及在此基础上产生的图腾崇拜。

通过彝族的原始图腾遗迹和纪日十二兽壁画及其祭祀、舞蹈等活动，可以看到，十二兽历法产生于原始时期的图腾崇拜，但要说明的是这种兽神历法从兽纪日的萌生，到用若干兽轮回纪日，到形成规范化的十二兽历，一定是经过了一个相当漫长的历史发展过程，从现有资料分析，十二兽历的最终定型，很可能已经到了由原始社会向阶级社会的过渡时期了。从而可见，其他文明古国的十二兽历法，也是经过了同样的发展过程。

(三) 饮食中的图腾印记

“民以食为天”，饮食在人类生活中占有十分重要的地位，但吃什么，怎么吃，各时代、各地区、各民族的人们各有自己的标准，图腾群体的饮食主要体现在一些特殊的饮食禁忌以及节日和人生礼仪的食俗上。

保留有图腾崇拜的民族，其饮食习俗往往受到图腾崇拜的约束。这些民族必须遵守由图腾崇拜而派生的禁忌，最常见的禁忌是不能捕杀或采集本族所崇奉为图腾的动物或植物，更不能吃奉为图腾的动植物。法国学者拉法格在《思想起源论》中说：“野蛮人甚至可以饿死也不去触动他们的部落奉为图腾的植物和动物，也就是他们认为自己所由发源的祖先。”这种情形在中国云南少数民族中也不鲜见，例如瑶族崇奉盘瓠图腾，由此而产生的一个禁忌，就是禁食狗肉。以前瑶族人家里养狗，只是为了打猎看家，狗老得不能行动了，宁可让它自行死去或卖掉。本族内严禁杀狗，如果遇到旁人宰食狗肉也要避而远之。

西双版纳的克木人至今还保留着18个氏族图腾，克木人将图腾奉为本氏族的祖先与保护神。因此，图腾对本氏族所有成员来说，都是神圣不可侵犯的，严禁接触、捕食与采集。如前所述，虎氏族的成员不能打虎，也不能观看别人打虎，更不能吃虎肉；水鸟氏族的成员不能捕获水鸟，更不能吃水鸟肉。他们认为若吃了本氏族的图腾，牙齿会掉光，肚子将剧痛，人甚至会死亡。更有甚者，凡有猎获某种动物的人家，以此类动物为图腾的成员则严禁去他家串访。南非的达马拉部落各民族不但不吃自己的图腾，而且避免接触存放该图腾物的器皿，甚至要躲开煮图腾物的灶烟。

在饮食民俗中，有关节日和人生礼仪的食俗表现得最为丰富。在中国云南一些少数民族中，至今还流行“尝新节”或除夕吃饭时先喂狗的习俗，而这一习俗往往与有关谷种的起源传说连在一起。阿昌族相传，上古时洪水冲走了庄稼，人类无粮种难以生存，是一条狗从水浅处将尾巴伸入水中搅动，粘上泥巴又去粘了几粒谷种，人类才得以继续种庄稼。今梁河一带的阿昌族，每逢中秋节吃早饭前，必先喂狗，即出典于此。苗族的“尝新节”在农历七月十三，传说古时人间没有谷子，是狗从天上取得种子，所以当新米收获、煮出米饭时，要先给狗吃。景颇族相传在很久以前，谷子的灵魂跑到天上去了，幸而有狗叫回了谷魂。景颇人很感激，每年尝新节的新禾米饭要先给狗吃。这些传说大都说明人类在取得粮种的过程中，狗是人的助手，为人类立了大功，但透过这些故事，我们也看到了远古狗图腾崇拜的痕迹。

在原始人们的观念中，蛋是生命的象征，大至宇宙，小至人体的生命，都是蛋产生的。直至今天，壮族人仍认为人的生命与蛋有着密切的关系。我们在壮族人的歌圩上，会看到那些来赶圩的男女青年在互相“碰蛋”。小伙子手握红蛋去碰姑娘手中的蛋，如果她不愿意，就把整个蛋握住，不让碰破，小伙子只好怏怏而去；如果姑娘喜欢他，便露出半边让他碰破，这意味着她敞开自己的心扉，于是两人分食红蛋。其实这只是表面的形式，“碰蛋”的原始意义，是要碰出新的生命，正如一首壮族“还花愿歌”所唱的：

还花送礼给仙婆，
摆上婚筵方方桌。
凤凰鸡子敬地母，
夫妻碰蛋子孙多。

壮族的婚礼也离不开红蛋，壮族婚礼中男方父母要准备一对涂红的鸡蛋放在新郎的床上，新郎和接新娘的亲属，送新娘到了男家，都要争入新房抢红蛋。据说这对红蛋象征着生男育女，新娘若没有抢到，就会感到不吉利。因此，婆家人往往事先告诉新娘红蛋的藏处，以便新娘能够抢到这一对红蛋。很明显，在壮族的习俗中，红蛋象征着人的生命之魂。壮族有不少地区，还以蛋招魂，即通过鸡蛋把病人的魂招回来。有人认为红蛋习俗实际上与鸟图腾崇拜有着极其密切的关系，其实就是鸟图腾崇拜的衍生。

在中国江南地区，逢年过节，或结婚生子，总要吃团子与鸡蛋，宜兴民谣有“三月三，白蓬团子吃只上高山”的词句，《宜兴县志》载：“上巳日食棉茧团。”在江南地区端午节家家腌制禽蛋，立夏日儿童织网装蛋悬于颈项。据说古时候在立夏日也食用团子。结婚时，人们将染红的鸡蛋馈送亲友邻舍，女家还将红鸡蛋放在新马桶内送到男家祝愿生育，苏南地区和沪上人家把此称为“子孙桶”。生了孩子的人家要送红鸡蛋和团子，有儿歌唱着“满月团子送媒人”。新媳、新婿上门，家人要煮水煮蛋接待。江南地区很早就是稻作文化区，很早就有节日吃团子、粽子的食俗。团子以笼蒸之称“团子”，以水煮之谓“汤团”，其小者曰“汤圆”或“小团子”，团多有馅，汤圆多无馅。无馅压扁如饼而水煮也称“瘪团子”或“扁团子”，用糯米饭捏成的团儿叫“糍团”。温州人称汤团叫“米烧”，嵊县人称团子为“麻糍”，南昌人称“粑”，广东人将油煎的圆子叫“煎堆”。早期的粽子称为“角黍”，它实际上是有角的煮熟的米团，象征幼龙或龙蛋。角黍作悼念屈原的祭品，流布甚广，但前已提及这一习俗是以幼龙形食品祭龙习俗的借用，并非为悼念屈原而创造出来。

民间蛋、团的食俗与图腾文化有什么关系呢？中国学者缪亚奇在《江南汉族崇蛇习俗考察》一文中提到：“我国东南部古越族曾以鸟为图腾，它的延续时间短；也以蛇为图腾，其延续时间长，因此在蛇图腾的形象里结合进了鸟图腾的因子……以禽蛋象征蛇蛋是不难理解的。”中国东南部民众的孵生观念产生了该地区独特的蛋、团文化，这种观念形成了以蛇形及蛇蛋形食俗的祭蛇习俗。因此，粽、团、蛋食俗中蕴含着图腾祭祀习俗，是人类祖神孵生于蛋这种观念的反映。我们有理由将蛋、团以至许多圆形食品视作结合有鸟图腾因子的蛇图腾文化遗迹，有理由把圆形食品看作人类最早的祭祀食品之一。

除了蛋、团文化的食俗之外，其他图腾食品的遗俗还有不少。在奉虎为图腾的巴人后裔土家族人那里，每逢节庆或贵客临门，桌上必摆一碗传说的“血豆腐”。血豆腐是用新鲜豆腐加上适量的猪血，拌上食盐、辣椒、花椒粉及橘皮、肥肉末做成的。土家人将“血豆腐”视为传统的佳肴，是因为他们认为老虎要吃人和其他动物，并要喝其血；而吃“血豆腐”是为了使虎子虎孙保持祖先的凶猛，这是图腾崇拜中的“互渗”观念。这种观念有一个重要的内容，就是认为万物之间通过接触可以使彼此的特性转移到对方。人若经常接触或食用某些动物、植物，就会使自己逐渐具备那些动植物的习性。譬如，经常吃虎、公牛、雄鹿和野猪，会使人像这些动物一样凶猛；吃猫头鹰的眼睛，可以使人像猫头鹰那样目光敏锐。

在中国人的心目中，龙是神物，于是便在观念上将龙同祥瑞联系到了一起。直至今日，人们还是用龙比喻美好的事物，龙的形象深入社会生活的方方面面。在各种艺术作品中，在语言文字中，在各类物品上，都不乏龙的形象。在“食”之领域中更是与龙结下了不解之缘。如食品中有龙虾、龙眼、龙荔、龙须菜、“龙虎斗”、龙井茶、龙须面等。这些食品名称，有的是取其形似，有的则是寓意吉祥。又如在节令食俗上，早在元代已有“二月二，龙抬头”的记载。为表达对丰收的祈望，这一天很多地方盛行吃面食。这天做的面条叫“龙须面”，烙饼叫“龙鳞”，饺子叫“龙牙”。清代时，人们在“龙抬头”这一天还要用白灰从门外蜿蜒撒入厨房，并绕水缸一周，名为“引龙回”。北京的市民要用黍面、枣糕、麦米等油煎成食品，称为“熏虫”。此外，在元宵节人们要舞龙灯，端午节要赛龙舟，这些都属于与龙相关的饮食文化活动。在人们使用的饮食器皿和一些灶具上，更是常常看到龙的形象。它或是寄托了人们对美好生活的向往，或是营造一种庄严尊贵的气氛。这些龙的姿态各具时代特色，有的曲体盘绕，有的腾云驾雾，有的信步前行，有的蓄势待发。远古的图腾崇拜，在今天的生活中依然有着深深的文化痕迹。

参考书目

Bancroft-Hunt, Norman & Forman Werner, *People of the Totem: The Indians of the Pacific Northwest*, University of Oklahoma Press, (1988).

Elkin, Adolphus. (1933). *Studies in Australian Totemism: The Nature of Australian Totemism*. Oceania, 4(2), 113—131. Retrieved February 24, 2021, from http://www.jstor.org/stable/40327455.

Meyer, Anthony J. P., *Oceanic Art. Konemann*, (2000).

[法]列维·布留尔.原始思维中译本.商务印书馆,1981.

[美]弗郎兹·博厄斯.原始艺术中译本.贵阳:贵州人民出版社,2004.

[法]倍松.图腾主义中译本.上海:上海文艺出版社,1990.

[苏]海通著.图腾崇拜中译本.上海:上海文艺出版社,1993.

[奥]西格蒙德·弗洛伊德著,赵立玮译.图腾与禁忌.上

海:上海人民出版社,2005.

[法]克洛德·列维-斯特劳斯著,渠敬东译.图腾制度.上海:上海人民出版社,2005.

[英]爱德华·泰勒著,连树声译.原始文化:神话、哲学、宗教、语言、艺术和习俗发展之研究.上海:上海文艺出版社,1992.

[法]E.杜尔干著,林宗锦、彭守义译.宗教生活的最初形式.北京:中央民族大学出版社,1999.

朱天顺.原始宗教.上海:上海人民出版社,1978.

朱狄.原始文化研究:对审美发生问题的思考.三联书店,1988.

陈兆复等.外国岩画发现史.上海:上海人民出版社,1993.

侯光等.图腾崇拜·生殖崇拜:神秘莫测的原始信仰.成都:四川人民出版社,1992.

岑家梧.图腾艺术史.上海:上海文艺出版社,1988.

毕长朴.中国上古图腾制度探赜.台北:台北文林打字印刷公司,1979.

陈兆复等.原始艺术史.上海:上海人民出版社,1998.

刘锡诚.中国原始艺术.上海:上海文艺出版社,1998.

林惠祥.文化人类学.商务印书馆,1991.

吕大吉等主编.中国各民族原始宗教资料集成丛书.北京:中国社会科学出版社,1996—2000.

吕大吉等主编.中国原始宗教资料丛编.上海:上海人民出版社,1992.

林河.古傩寻踪.长沙:湖南美术出版社,1997.

吕振羽.史前期中国社会研究.三联书店,1961.

中国社会科学院考古研究所编.新中国的考古发现和研究.北京:文物出版社,1984。

丁山.中国古代宗教与神话考.上海:上海书店出版社,2011.

朱伯雄主编.世界美术史:第一卷　原始美术.济南:山东美术出版社,1987.

石发林.澳大利亚土著人研究.成都:四川大学出版社,2009.

刘稚、秦榕.宗教与民俗.昆明:云南人民出版社,1991.

刘尧汉.彝族社会历史调查研究文集.北京:民族出版社,1980.

图书在版编目(CIP)数据

图腾：奇异的原始文化／沈敏华，程栋著．—上海：上海辞书出版社，2024

（点击丛书）

ISBN 978-7-5326-6109-1

Ⅰ.①图… Ⅱ.①沈… ②程… Ⅲ.①图腾崇拜-研究-中国 Ⅳ.①B933

中国国家版本馆 CIP 数据核字(2023)第 146708 号

点击丛书

图腾——奇异的原始文化

沈敏华 程 栋 著

策划统筹	朱志凌	**题　　签**	邓 明
责任编辑	朱志凌	**书名篆刻**	潘方尔
特约编辑	朱旭初 周益佳	**插　　画**	赵心妤
		技术编辑	楼微雯
文字编辑	李婉青	**整体设计**	零贰壹肆设计工作室

出版发行 上海世纪出版集团
上海辞书出版社®（www.cishu.com.cn）

地　　址 上海市闵行区号景路 159 弄 B 座(邮政编码：201101)

印　　刷 上海中华印刷有限公司

开　　本 787 毫米×1092 毫米　1/16

印　　张 13

字　　数 120 000

版　　次 2024 年 11 月第 1 版　2024 年 11 月第 1 次印刷

书　　号 ISBN 978-7-5326-6109-1/B·344

定　　价 48.00 元